低风险创新

深度挖潜、持续增长的商业指南

安迪·巴斯（Andy Bass）·著

徐静姿·译

START WITH
WHAT WORKS
A FASTER WAY
TO GROW YOUR BUSINESS

中国人民大学出版社
·北京·

致芭芭拉

赞 誉

有效挖掘并组合利用好组织内部"熟悉"的隐性资源，是帮助组织获得独特而难以模仿的能力即核心能力的关键，也是一种低风险的创新行为。《低风险创新》一书不仅是对企业战略资源观进一步深入思考的成果，更是各类大中小企业快速简捷、经济有效地提升能力的商业指南。在人工智能日益成熟的新时代，进一步关注员工内在的创造力、领导力和信念等隐性资源，是组织保持韧性、实现可持续发展的关键。

——陈劲，清华大学经济管理学院教授、
中国管理科学学会副会长

赞誉

面对当今时代商业环境的多重挑战，企业必须保持创新能力才能适应变局。但是，众多实践表明，创新过程中存在诸多误区与巨大风险。在《低风险创新》一书中，安迪·巴斯另辟蹊径，提出了十大原则，让企业不必花费巨资向外寻求新资源，而是以新的方式通过充分运用既有资源来实现低风险创新，令人耳目一新。我相信这些原则值得企业家和各级管理者借鉴。

——邱昭良，管理学博士，北京学而管理咨询有限公司首席顾问，畅销书《复盘＋：把经验转化为能力》作者

目前与未来的企业管理需要超越资源基础观，强调资源的创新性使用，而不是局限于资源拥有。如果资源拥有最为关键，为何财富常常传不过三代？如果资源拥有最为重要，为何创业者常常逆袭成功？这两大问题表明资源使用重于资源拥有。《低风险创新》的主题与以上观点不谋而合。

——李平，哥本哈根商学院终身正教授

德鲁克曾说过，企业只有两种事情要做：一种是营销，另一种是创新。《低风险创新》一书教会我们如何挖掘和组

织企业中容易被忽视的既有资源，以最低的风险实现创新与增长。

——德鲁克博雅管理

《低风险创新》为任何渴望发展或创新的组织提供了清晰、可行的建议。在开始花钱解决问题之前，先释放你隐藏的潜力。

——迈克尔·斯梅茨 牛津大学赛德商学院管理学教授

与其坐等良方，不如就从现在开始优化你的组织。本书作者安迪会帮助你重新审视你已经拥有但却使用不当或不全面的资源和人才。更令人赞许的是，这个过程因为体现了对员工专业素养和能力的尊重，因而在员工中创造了一份关注和惊喜。

——鲁尼·阿南德，格林王前首席执行官、莫里森高级独立董事

领导者并不总能意识到他们的组织有多少未开发的潜能、力量和机会。从既有的隐性资源开始，我们已经取得了很好的

赞　誉

回报。安迪的书会让你以新的视角看待业务，从而挖掘和利用隐性资源。

——马修·克罗马克，GoCompare 首席执行官

世界需要善于发现和释放潜力的有创造力的领导者。对于那些希望以更多的灵感、更少的风险和挫折来推动企业成长的人来说，安迪的这本书可以帮助他们彻底改变。

——南希·麦凯，麦凯首席执行官论坛的创始人兼首席执行官

推荐序

原创性机会从哪里来？

奥美集团[①]副主席罗里·萨瑟兰（Rory Sutherland）

在罗伯特·西奥迪尼（Robert Cialdini）的优秀著作《先发影响力》中，作者对人类注意力的本质做出了重要但看似令人难以置信的断言：人类大脑并不关注真正重要的事情，而是倾向于反向操作，以为注意得最多的事情是最重要的。本书与《先发影响力》可以同时阅读，两者相得益彰。

在我看来，这个偏差关乎商业决策的核心问题。而本书将通过为你提供一系列全新的视角来观察商业活动，从而对上述

[①] 奥美集团创立于1948年，是国际著名的公共关系与传播公司，为众多全球品牌提供全方位的传播服务。——译者注

注意力偏差问题进行矫正。这些新的角度孕育着有关增长和价值创新的一系列全新的原创性机会。

从既有资源开始,这貌似是一个常识。但是你通常多久召开一次会议来讨论业务中的良性方面——那些需要被放大的好的方面？我可以大胆地说,你不会经常这样做。与此相反,我们总是聚焦于业务中存在的问题。

尤其是那些碰巧很容易量化的问题。

这样一来,我们的视野便被一些有选择的关注点所主导。这正是心理学家丹尼尔·卡尼曼（Daniel Kahneman）所说的WYSIATI[①]的一个例证[②]。

本书所做的事情至关重要。它重新引导读者,并鼓励我们以全新的方式看待事物。由此便产生了不同的视角,这些视角可能与企业倾向于优先考虑的视角完全互补。

对企业视角的一个有趣的反思是："只有能被量化的,才能被管理。"这句话通常要么被认为出自彼得·德鲁克（Peter

[①] "What you see is all there is" 每个单词的首字母,意思是"所见即所有"。——译者注

[②] 丹尼尔·卡尼曼是普林斯顿大学心理学教授,他将心理学研究的视角与经济学结合起来,成为这一新领域的奠基人,2002年他因在该领域的突出贡献获诺贝尔经济学奖。他在《思考,快与慢》中提出,大脑固守"眼见即为事实"的原则,任由各类偏见、错觉引导我们做出错误的选择。——译者注

Drucker）之口（事实上，他从未说过），要么经常被赞同性地引用。

且不说德鲁克永远不会说出如此愚蠢的话，只要对德鲁克的著作或学术影响有一般性了解的人，可能都会立刻指出这一点，更为重要的是，说这话的人的原意是为了批判这种观点，而非鼓励。

里奇韦（V. F. Ridgway）于 1956 年在一篇题为《绩效测量失败的后果》的文章中首先提出了该原则，专栏作家西蒙·考尔金（Simon Caulkin）将其论点浓缩如下：

只有能被量化的，才能被管理？哪怕进行量化和管理毫无意义，哪怕这样做会有害于组织的原本目的？

显然，里奇韦能在 1956 年说出这个道理是了不起的。并不是所有重要的事情都可以量化，也不是所有可以量化的东西都重要。正如本书作者安迪·巴斯敏锐地补充的，"可以被量化的东西往往被玩弄于股掌之间"。

伦敦商学院教授朱尔斯·戈达德（Jules Goddard）进一步

阐述，如果热衷于企业中那些恰好可以量化的部分，我们对企业应该关注哪些方面并努力改进的看法可能会被完全扭曲。正如他所说，标准的财务损益表有一条收入线和六七条支出线。我们倾向于以精确的比例来关注事物。这会导致对削减成本的疯狂关注，似乎在某种程度上，这才是客户唯一关心的事情。然而，正如你接下来将读到的，许多客户即使是在企业对企业（B2B）的模式中，关于价值的看法也比传统业务逻辑所认定的要细微得多。

由于对"量化"的痴迷，人们很容易忽视这样一个事实，即如果你的企业已经存在了一段时间，很可能（即使只是偶然）它已经获得了一些远比你知道的更有价值的有用见解或技能。而这些就是"阁楼里的现金"[1]在商业领域的同义语。

我们为什么不花一些时间来评估、理解这些因素，并探索如何扩展、分解、重新利用或组合企业的优势呢？正如有人所说，"我们塑造建筑，然后建筑也会塑造我们"，这句话同样也适用于企业模式。我们出于便利和易于比较的原因来定义不同的企业模式，但最终我们又会被这些定义限制并囿于一隅。久

---

[1] 《阁楼里的现金》是英国广播公司2002年上映的一部电视剧。该剧讲述了如何帮助人们找到家中的隐藏财富并进行拍卖。——译者注

推荐序

而久之，我们就会把图景误认为现实。

我所从事的广告行业大约自 1989 年以来就没有获得过媒体佣金，或者没有以任何显著方式获得过报酬。然而，以某种方式获取报酬的"肌肉记忆"仍然居于主导地位：似乎这种方式所能解决的唯一的业务问题，是那些解决方案涉及大量付费媒体的问题。①

这其实是一种极端作茧自缚的观念，它压缩和低估了应用创造力、文字功底、艺术性和原创思维的价值。在一些客户公司的广告部门之外，上述价值有着更为广阔的潜在市场。对于广告行业，从业者掌握的专业知识所蕴藏的市场远远大于想象，而他们对这个事实却一直无动于衷。这就好比一家拥有综合人才和资源的医院，它仍然挂着整容手术的招牌。这种短视的观念直到安迪·梅恩（Andy Main）② 加入奥美担任首席执行官才开始得到纠正。值得注意的是，安迪·梅恩不是来自另一家广告公司，而是来自德勤数字。

---

① 这句话的意思是，只有付费媒体（可以付费购买的媒体，如传统广告）才涉及量化的报酬。自媒体（企业控制的沟通渠道，如官网、官方微博等）和口碑媒体（通过营销手段在用户中形成二次传播所带来的流量）这二者都无法通过付费的方式购买或拥有。——译者注

② 安迪·梅恩曾担任德勤数字的全球负责人以及德勤咨询的负责人，于 2020 年 7 月加入奥美担任首席执行官。——译者注

我多希望几年前就读到本书。如果能早些读到，我会感觉自己在十年前所做的尝试得到了更好的证明。我第一次在一家广告公司内开展行为科学实践，以解决同行尚未触及的一些问题。但在当时的很多案例中，我们可以提供比常规沟通方式更多的商业价值（我确实感到十分荣幸，我们的一两个案例被本书收录）。

与行为科学一样，本书所提出的方法的一大有趣之处在于，它具有很广的适用性。它可以在跨国公司层面上发挥作用；但如果你经营一家咖啡馆，本书的方法同样适用。

我第一次见到本书作者，是因为他对复杂性理论和复杂系统有很高的研究热情。而且我越来越相信，任何成功的复杂性方案的标志之一是，它必须在某种程度上具备可适性。它必须具有一种"分形"品质[1]，你可以将相同的原则应用于酒吧，就像应用于企业集团一样。因此，在阅读本书时，我给你最后一个提示：把作者提到的每一个原则都想象成应用在一家小咖啡馆或一家家庭经营的小型酒店。有时，比起作为经营者，以顾客的身份来了解业务模式要容易得多。

---

[1] 分形通常被定义为一个可分解的几何形状，且分解后每一部分都（至少近似地）是整体缩小后的形状。——译者注

推荐序

通过本书，你将看到无论规模大小，组织都会呈现完全相同的可能性。我们以拆分服务的建议为例（亚马逊通过 AWS[①]做到了这一点，后来成功的酒店所能提供和销售的也不再局限于住宿这种服务）。或者，正如本书的另一个有用建议，你可以考虑将你提供的服务与其他东西重新组合。就在我即将写完这篇推荐序的时候，有人过来给我讲了一个非常暖心的故事，内容是非洲一名贫穷的年轻女子向建筑工地的工人出售煮熟的鸡蛋。她发现，当她将鸡蛋与番茄和香草沙拉捆绑销售时（这几乎没有任何生产成本，即使有也肯定远低于鸡蛋的成本），她卖的就不再只是鸡蛋，而是午餐。这样，她做到了将一个鸡蛋卖出两倍多的价格，而所支出的成本比两个鸡蛋的成本低很多。

永远不要忘记那个教训：价值存在于客户心中。如果你把所有时间都花在办公室里，你就不会明白这一点。你需要一个不同的视角，本书将鼓励你走出去并寻找新视角。

正如已故的约翰·勒卡雷（John le Carré）[②]所观察到的那样，"如果在办公室里观察世界，那将会非常危险"。

[①] AWS 即 Amazon Web Services，是亚马逊的云计算服务业务。——译者注
[②] 英国文学大师、著名间谍小说家，代表作品有《冷战谍魂》《史迈利的告别》《完美的间谍》和《莫斯科情人》等。——译者注

为什么要读这本书

本书讲的是如何在你的组织内部找到隐藏的财富,以及如何创造出新的财富。我将此称为财富的寻找和创造过程,即寻找隐性资源,壮大企业发展。下面,我来具体解释一下。

我所说的"财富"一词指的是你可以使用的宝贵资源,通过使用这些资源,你的客户会比他们当初接触你时受益更多。

这其中,有一些资源很容易被发现。比如,聪明的人才、专有流程和资本设备。这些资源就在那里,你也知道它们在那里。它们没有隐藏起来。

然而,即使是在成功的企业里,也有一些被管理者所忽视的资源。它们切实存在,只是你没有注意到。你错过了它们的重要价值。

当你学会发现并重新配置这些资源时,你就能创造巨大的影响力,而且通常无须进行资本投资。

利用隐性资源可以产生诸多益处。它不仅可以提高生产力,因为你之前的投入产生了更大的收益;还可以让你在竞争中保持领先,因为通过立足于自身优势而不是复制他人的优势,你在客户眼中自然会变得更加与众不同。随着你的生产力和创新力极大地提高,你将建立一个持续增长的平台。

为何本书适合你?

我曾与数百名有抱负的公司领导者及其团队成员共事过,他们来自各行各业、各个国家。当我回想起我与优秀客户们的初次会面时,我注意到了一个模式。虽然他们描述的问题也许各不相同,但他们所说的话却如出一辙:"我们很优秀。既然我们这么优秀,就应该可以做得更好。"

"我们应该可以做得更好",这句话所描述的问题是多种多样的。比如,他们也许会说:

- 我们的能力非常出色,但我们的价值主张并不突出。我担心客户不会关心从谁那里购买。与竞争对手相比，我们如何才能显得与众不同？

• 我的员工有天赋，但我担心他们会变得自满。"世界级"是一个不断变化的目标。我们如何提高标准、激励理想，而又不使人感到挫败？

• 我们机动灵活，但处理的问题太宽泛了。对于客户，我们来者不拒，无论是否真该如此。我们如何才能避免稀释我们的影响？

• 我们有增长的欲望，但从管理大师那里得到的建议似乎风险太大。听到胆大包天的目标①和硅谷登月计划固然令人兴奋，但如果我们建立了这种目标却无法吸引受众呢？

商业领袖们经常被这类问题所困扰，不论他们的公司是何种规模或何种业务类型。在后面的章节中，我会谈到很多这样的例子。

---

① 英文为 big hairy audacious goals（BHAG），直译为宏伟、艰难和大胆的目标。出自吉姆·柯林斯（Jim Collins）和杰里·波勒斯（Jerry Porras）合著的《基业长青》一书，书中说那些基业长青的公司普遍拥有 BHAG。——译者注

本书的想法从何而来?

在过去的 15 年里,我一直担任独立顾问,帮助世界各地的高层领导将他们的策略转化为行动。在此之前,我从事人工智能、软件工程和人因工程方面的研究,后来在商学院担任了几年讲师,讲授和研究系统思维和组织变革。我离开学术界,是因为我想看看我和同事们研究的方法能否在象牙塔之外给真正的客户带来成果。(顺便说一句,对这个问题的简短回答是:"能,但需要改良。"请放心,本书提供的是改良之后的方法,并且本书尽量不使用行业术语。)

当我开始埋头于客户的问题并观察管理者们在"现实世界"中为提高绩效所做的努力时,我感到很困惑。他们中的许多人似乎都依赖于一种肤浅的,而且以我的专业背景来看已经过时的脚本。他们似乎总是想着引进新资源,却忽略了如何使既有资源变得更加高效。

在很长的时间里,我都怀疑,令我困惑的根源是否仅仅是我和同事们一直在研究的理论与实际的业务毫无关联。毕竟,我看到有管理者在没有接触这些理论的情况下也成功地晋升了。

随着经验的丰富，我发现事实并非如此。随着我在更多的情况下与更多的管理者共事，我发现最优秀的管理者很明显与我在某种程度上拥有一致的见解。他们偏向的方法是：在向外部寻求答案之前，从有效之处开始，尽可能提高既有资源的生产力，并利用既有资源做更多的事情。从既有资源开始，这种思维模式让他们脱颖而出。

通过向你展示如何立足于既有资源，我将告诉你如何在减少挫折感和不必要的风险的同时，实现新的增长。

目 录

第 1 章 既有资源有多重要？/ 1
先着眼"入轨"，而非"登月"/ 2
从既有资源出发，探索能力 / 12
如何从既有资源开始？/ 15
总结：这是计划 / 22

第 2 章 潜力在哪儿？/ 25
找到隐性资源 / 27
忽视既有资源的原因 / 31
小结 / 45

第3章 原则一：重新组合 / 47

做一名商业的炼金术士 / 50

使用组合包以转变业务 / 58

开发组合包和提升价值的框架："洗车"范式 / 65

如何优化组合包 / 70

结论：请记住，价值存在于旁观者的眼中 / 74

第4章 原则二：资源过滤 / 77

性质 vs. 目的 / 78

珍视你最有价值的资源 / 81

寻找资源的三个层次 / 88

第一层：通用资源 / 90

第二层：隐藏资源 / 91

下一步在哪里？/ 103

第5章 原则三：深挖隐性 / 105

GoCo 的粒度优势 / 106

第三层：隐性资源 / 109

如何寻找隐性能力和隐性资源 / 117

目录

思想重塑实验：给"敌人"一条出路 / 131

小结：一个好主意真的会发挥作用吗？ / 134

第6章　原则四：正确提问 / 135

找出现实中什么是有效的 / 138

我们能从过去的经验中学到多少？ / 140

从精益创业中学习 / 146

关注真实发生的事 / 157

第7章　原则五：留意真实 / 159

行为是最好的信息 / 161

陷入现实泡沫 / 168

哪些才是切实有效的方面？持续增进它 / 175

第8章　原则六：找出关键少数 / 185

胜券在握才是关键所在 / 186

只有某些事情才是关键所在 / 187

当少即是多时 / 193

七种方法找到关键少数 / 197

结论：不要让手段高于目标 / 211

第 9 章 原则七：直白描述目标 / 215
模糊的语言和"人工"智能 / 216
如何使用直白语言 / 223
用简单的话告诉别人你想要什么 / 227
结语 / 233

第 10 章 原则八：超越藩篱 / 235
"我们与他们" / 236
在"我们与他们"的机制下工作 / 244
案例分析 / 250
如何看待客户？ / 260

第 11 章 原则九：客户参与 / 261
在你的业务中，"世界地图"的中心是什么？ / 262
将客户视为外部是很自然的 / 264
客户是"我们"还是"他们"？ / 265
当客户成为业务的一部分 / 269
更多让客户参与其中的方式 / 270

目录

让客户关系超越"我们与他们"的范畴 / 279

客户知道什么是有效的 / 281

第 12 章 原则十：欲扬先抑 / 283

只要求"想方设法"完成，是懒惰且无效的 / 285

授权和动机 / 302

结论：帮助顽固的管理者 / 305

第 13 章 促发变革 / 307

等待完美条件？/ 308

驱动绩效，释放变革 / 314

从既有资源开始，释放变革 / 319

注意事项 / 333

第 14 章 结语：率先垂范 / 335

日常工作的要求 / 337

你将发展得多快？/ 351

后记和致谢 / 354

第1章
既有资源有多重要？

低风险创新

先着眼"入轨",而非"登月"

将"登月"计划留待日后,因为仅仅是"入轨"就有着变革性意义。

试想一下你管理着一家历史悠久的汽车制造公司。像许多行业的领导者所经历的一样,你眼前的世界发生了翻天覆地的变化,技术、环境和政治变革剧烈地交织在一起,这对所有人来说是历历在目的。坦率地说,不受传统技术影响的新的竞争对手似乎更适应这些变化。

例如,你该如何应对谷歌的 Waymo 或埃隆·马斯克(Elon Musk)的特斯拉等硅谷科技公司的自动驾驶汽车项目?你可以考虑多种方案。如果你有投资资金并且能够吸引它们的一名基石型明星雇员[①]来参与运营,你可以尝试通过开发自己

[①] 英文为 rock star employees,出自金·斯科特(Kim Scott)所著的关于有效管理一书,书名为《彻底坦率》,书中提出可以围绕两种类型的"明星"来建立团队,即基石型明星雇员和超级巨星型雇员。——译者注

第 1 章　既有资源有多重要？

的自动驾驶汽车来模仿它们的"登月"* 方法。或者，你可以资助初创公司，即使它们无法正面击败对手，你也可以期待它们开发出有价值的知识产权，以便你通过许可的方式将其用于他人的自动驾驶汽车项目。或者，你还可以尝试参与某种合资企业。当然，我相信你还能想到其他选择。

但是，让我们思考一下戴姆勒公司的举措。该公司生产了自动化（非自主驾驶）卡车，为卡车配备了扫雪机并对其进行编程，以便让冬季的法兰克福机场保持畅通。

这种做法十分受限，因为它并没有试图改变世界，而只是应对了一种特殊情况。这显然不能与"登月计划"相提并论。戴姆勒公司生产的奔驰卡车可以不需要司机，但不能完全实现自动驾驶，它们并不具备能够适应任何道路交通情况的传感器和智能决策。但是，它们现在就在那里，虽然使用范围受限，但作用巨大。它们的特点是：

- 可以在驾驶室没有司机的情况下运行（机场每年需要花费 2 300 万欧元用于冬季除雪和除冰，而现在并不需要雇用一

---

* 英文为 moonshot。"登月"项目无疑是鼓舞人心的，但它们往往是摸着石头过河。思考一下最初的登月计划，即取得巨大成功的阿波罗计划。相比为我们提供 GPS 等服务的成本更低且更容易建造的轨道发射器，前者创造的有价值的应用更少。

群每天待命的司机)。

• 将戴姆勒公司引入服务领域:认识到许多客户只是想完成工作,而不是想拥有和维护某款产品。

• 让戴姆勒公司因已推出的可实现高正常运行时间的无人驾驶解决方案而享有盛誉。

• 激励员工在现实世界的情景下学习,并参与不同类型的创新。

• 开拓新市场:仅仅基于这一个解决方案,具有类似天气特点的另外 40 个机场都成了戴姆勒公司的潜在客户,并且戴姆勒公司可能还有很多其他的专业解决方案,从而得以进军其他行业。

像谷歌 Waymo、特斯拉在内的很多企业都将大量资源投入高调、高风险的发展项目中,而这些发展项目无论在财务上还是在文化上对于大多数企业来说都很难实现。相比之下,戴姆勒公司已经通过重新配置既有的或能够逐渐增加的资源来实现这一切。戴姆勒公司的这种做法可以让任何规模的企业都受益良多。

盘一盘自己的隐性资源

你拥有哪些隐性资源,你还可以利用它们做什么?

前面讨论了戴姆勒公司。现在让我们聚焦于你的问题。如何在你的企业中找到可以重新配置以创造新增长的既有资源？要找到这个问题的答案，让我们先了解一下第 4 章和第 5 章将要提到的想法。

我将讨论三个层次的资源，我称之为通用资源（generic resources）、隐藏资源（hidden resources）和隐性资源（implied resources）。我会适时地对它们进行全面的解释。先来看看隐性资源以及它将如何为你所用。隐性资源在某些方面也是最强大的资源。

在寻找隐性资源的过程中，我们会查看那些已经产生效果的方面，然后问："必须具备什么条件才能让它发挥作用，我们还能用它做些什么？"你真正独特的资源可能就潜藏在这些地方。

无论你的企业是何种规模，这种想法都适用。

- 大企业。当亚马逊意识到为运行其主要的电子商务网站而开发的内部功能可以作为一项服务出售给付费用户时，亚马逊云科技（AWS）应运而生。截至 2020 年，AWS 已经发展到可以提供 200 多项服务，控制着超过三分之一的云计算市场，比最接近它的竞争对手高出一倍。AWS 一直是亚马逊最赚钱的部门，也是亚马逊主要的利润驱动因素。

- 中型企业。路特斯①通过长期参与赛车活动和高性能汽车制造,在车辆动力学方面积累了显著的专业知识。通过设立咨询板块——路特斯工程公司,它的专业知识得到了利用。路特斯工程公司为特斯拉和一级方程式赛车公司等竞争对手提供车辆动力学、悬架设计和先进推进系统方面的咨询。

- 小企业。专业软件公司 IO Studios 想使用一种简单的方法来跟踪其销售渠道。公司购买了一种知名的客户关系管理(CRM)系统,问题是没有人喜欢用这种系统,因此公司放弃了使用。之后,公司决定利用自己的编码技术开发一款员工真正喜欢使用的 CRM 系统。有一天,一位客户看到这款系统后,询问该公司自己是否也可以使用它。在其他客户也表现出兴趣后,IO Studios 构建并推出了一款名为销售雷达(Salesradar)的商业系统,其客户既有自由职业者,也有好市多②等巨头。

IO Studios 使用了与亚马逊和路特斯相同的策略。当它注意到其他人也面临着相同的问题,而自己已有解决方案时,它发挥了创业精神,将其解决方案打包成一款具有吸引力的商业

---

① 世界著名的跑车与赛车生产商,总部设在英国诺福克郡。——译者注
② 美国最大的连锁会员制仓储量贩店,于 1976 年在美国加州福尼亚州圣迭戈成立。——译者注

系统，从而抓住了商机。

你也可以这样做吗？这里有一些问题供你考虑。

- 你在哪些方面为自己遇到的问题开发出了解决方案，并且能否像亚马逊和 IO Studios 一样，将这些方案打包并出售给其他面临类似挑战的人？
- 你最擅长哪些内部流程并且可以将其提供给他人使用，就像 GoCompare[①] 公司能为其他金融服务企业提供成本比较软件，或者像 Ocado[②] 公司能为其他超市提供杂货零售技术一样？
- 你在业务开展过程中学到了什么？你能否像路特斯一样，为他人提供咨询甚至教会他人？

关于通用资源、隐藏资源和隐性资源的内容还有很多，我会在接下来的章节中展开介绍。

从既有资源开始，可以让你更强大

理想的商业策略是难以复制的，即便你把它统统告诉你的竞争对手，他们也无法复制成功。想想宜家、西南航空公司和

[①] 英国著名的价格比较网站。2020 年该公司宣布向金融科技服务企业开放其数据接口，让后者输入匿名的交易数据进行分析。——译者注

[②] 英国最大的电商平台，也是全球最大的纯线上食品杂货零售商。——译者注

苹果公司，它们的故事是被使用最多的写作素材。大量的案例研究以它们为主题，它们也是每个商学院学生的研究对象。许多人试图复制这些公司的模式，但它们仍然在蓬勃发展。它们的模式之所以难以复制，不是因为其策略是保密的，而是因为它们已经形成了自己独特的做事方式。因此，虽然竞争对手可能完全知道它们在做什么，却无法真正复制其做法，因为前者无法弄清楚确切的做事方式。寻找并利用你在业务开展过程中开发出的隐藏资源，是抵御逆向工程的绝佳手段，因为它使你的做法难以复制。

  我们将研究如何利用你的既有资源来创造新的增长机会，并引领为实现这些机会所需的组织变革。也就是说，在对外部解决方案进行成本高昂且有潜在风险的投资之前，你应该学会如何调用既有的人员、客户、关系、知识产权和专有技术。

  这听起来很简单，就像大多数企业肯定已经在做的那样。但情况往往并非如此。管理者通常会低估他们所熟悉的资源的价值，相反，他们会向外寻找新的资源。

  为什么领导者会低估他们所熟悉的资源的价值？毕竟，当他们获得这些资源时，肯定做出了令人信服的投资。他们当时一定认为自己已经足够优秀。对既有资源的评价会随着时间的推移而下降，其中的原因有很多。

- 在大多数文化中，人们往往认为"新的"就是"更好的"，而"旧的"代表"不那么好"。你会认为最新款的苹果手机或三星 Galaxy 手机应该是最好的，不是吗？
- 我们会情不自禁地进行分类。例如，你如果一直认为你的企业是一家工程产品公司，就很难想象你现有的"产品人员"会提供新的增值服务，而你意识到了这种增值服务将能更好地满足客户的新兴需求。
- 成为"自己领域内的先知"并不容易。许多长期任职的员工发现自己的贡献被低估，而新员工的成绩却得到赞许，甚至新员工向老板提出的建议仅仅是老员工多年来一直在说的。
- 当这一切看起来太复杂时，从零开始无疑具有吸引力。

所以，人们对新资源是更加偏好的。但是，为了偏向于新资源而贬低既有资源可能会使现任者士气低落，并造成资源浪费。我发现，与引入新资源相比，帮助领导者以全新的眼光看待既有资源通常会更便捷、成本更低且更加安全。本书将向你展示如何识别既有资源被忽视的潜力，以及如何打开正确的开关以激活这种潜力。

专栏 1.1

签约一名新球员能满足整个球队的祈望吗？

最近，我与英格兰足球俱乐部阿斯顿维拉和诺丁汉森林的前首席执行官保罗·福克纳（Paul Faulkner）讨论了这些想法。

当我和他谈论关于对待新旧资源的偏见时，保罗笑了起来。

"这正是管理一支足球队的感觉。"他解释说。

"我记不清教练们向我提了多少次这样的要求：'再多一个球员。'我会回答他们，如果球队不能保持控球并将球传给前锋，那么，签约世界上最好的前锋也毫无意义。我会敦促教练组努力重新思考我们为现有球队所做的事情。我当时想，如果我们确实花重金签约了一位新球员，我们最好可以发挥其作用。也许我们会发现，我们已经拥有的球员可以真正地成长并确实取得好成绩。这其中也包括去年刚刚签约的明星球员，虽然教练们现在对他们的热情似乎也不复当初了。"

从既有资源开始，可以降低风险

保罗·福克纳希望他旗下球队的足球教练能够激发出现有球员的潜力。其实，这不仅仅是钱的问题，还涉及风险。比如，以前领导者在向我寻求有关企业增长的建议时，就表达了这样一些担忧。

- 我担心如果从外部招聘新人，内部员工会起疑甚至反感。
- 我害怕如果我招来一个不了解我们业务独特性的人，不仅帮不了我们，反而会在不经意间损害我们的利益。
- 如果我知道它会起作用，我可能会考虑花更多的钱。但如果它不起作用呢？
- 我担心如果我们试图改变但走错了路，由于引入了大量的昂贵资源，将很难刹住车。
- 在我想要它起作用之前，它的作用最好不那么明显。
- 如果我引入昂贵且高调的解决方案，但结果很糟糕，我看起来就会像个白痴。
- 我不想就一种可能行不通的方法承诺。
- 如果我从外部引入资源，可能会导致士气低落，并且使已经表现很优秀的人产生不满。

当你从既有资源出发，你就可以避免以上所有风险。如果你确实下定决心想要通过引入外部资源来做进一步的努力，那么基于了解采取行动，你更有可能获得好的结果。

从既有资源出发，探索能力

大多数组织都拥有巨大的隐藏着的财富储备。我协助组织开启它们通常不会采纳的视角，并看到它们通常不会看到的机会。之后，通过帮它们抓住这些机会，组织无须进行资本投资就可以大幅提高生产力。从既有资源开始，你的组织为此应具备哪些能力呢？通过图1.1可以做一个自我评估。

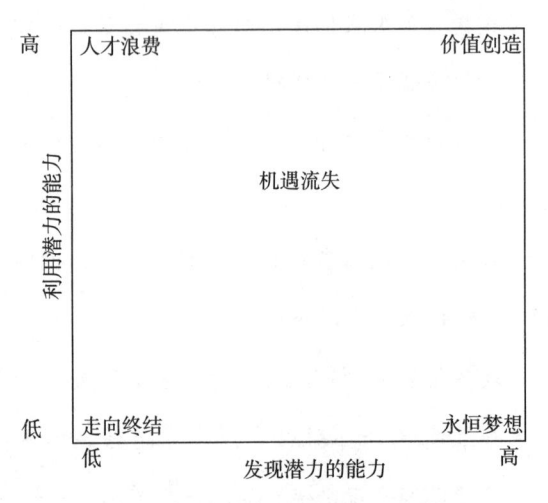

高	人才浪费	价值创造
利用潜力的能力	机遇流失	
低	走向终结	永恒梦想
	低　　　发现潜力的能力　　　高	

图1.1　从既有资源开始所要求具备的能力

第1章 既有资源有多重要？

下面是分别针对横向和纵向两个维度的调查问卷。

发现潜力

表1.1所示的清单供你评估你所在的组织是否擅长发现潜力。

表1.1 发现潜力的能力评估清单

		是	否
1	聚焦客户体验，而非仅仅关注产品、流程和技术		
2	员工致力于找出客户未言明的需求		
3	将客户的洞见纳入高层议程		
4	重视员工提出的具有潜力的观点		
5	来自不同部门的人可以弄清楚自己是否拥有对同事有用的信息		
6	员工与客户和供应商共同创造新理念		
7	理性地挑战既有假设的人会受到重视和奖励		
8	确保听取行业外人士的意见，比如顾问、雇员和演讲者		
9	准备好面对客户的投诉和批判性反馈		
10	乐于尝试新理念以测试其是否有效		

评分细则

针对每个问题，回答"是"得1分。结果分析见表1.2。

13

表1.2　发现潜力的能力评估结果分析

高	9～10分	具有前瞻性思维、思路活跃敏捷的组织。对新思想和挑战既有假设的行为持开放态度。如果同时具有卓越的应变能力，从而将这些见解付诸实践，将成为行业翘楚
一般	6～8分	极具创新性，但距离取得显著进展依然有一定的空间
低	5分及以下	裹足不前

利用潜力

表1.3所示的清单供你评估所在组织是否擅长利用潜力。

表1.3　利用潜力的能力评估清单

		是	否
1	组织有办法尝试新的资源组合		
2	出于长期可持续发展的需要，考虑拆分现有的业务线		
3	进行原创设计是为了发现有效之处，而不是对是否有效这一原则进行没完没了的争论		
4	习惯于调整自己的角色、团队和任务		
5	不会使用"我会从战略上进行思考，或者进行创新，但我有太多短期任务要完成"这样的托词		
6	将客户利益置于组织的既得利益之上		
7	即便没有年初预算，资金也能流向更大的机会		
8	似乎有一个规则、标准、规范或"看守人"可以预先阻止几乎所有的好主意产生		
9	拥有宏大的变革方案，包括大量的前期沟通、启动会议、培训和认证，但实际结果却迟迟没有显现出来		
10	从职业的角度来看，追求一个可能达不到预期的好机会是安全的		

评分细则

针对问题 8 和问题 9，回答"否"得 1 分。针对其他每个问题，回答"是"得 1 分。结果分析见表 1.4。

表 1.4 利用潜力的能力评估结果分析

高	9～10 分	你就像企业号轮船的船员！如此做，它就会发生。凭借强大的洞察力，只要确保你能避免自满并不断改进，你将变得无往不胜
一般	6～8 分	与许多组织一样，你还有提高敏捷性的空间
低	5 分及以下	总是走在错误的道路上

你的投资回报（ROI）：藏富于金

思考一下你的公司。比如，在你昨天所有可以显现隐藏财富的机会中，你认为你抓住了多大的比例？试想一下：即使你的公司经营得很好，也许你只找到了 75% 的机会并且只利用了它们 60% 的潜能。但当你换个角度看问题，你的生产力可能会大幅提升。

如何从既有资源开始？

在此方面我发现并总结了十项原则，这些原则广泛适用于制造、媒体、技术、大学、建筑和金融等领域中的各种情况。

在查看每项原则时，我们会看到一些案例，你可以对这些案例进行思考并与你的团队讨论。这些有助于唤起启用隐性资源的思维模式，并总是引发富有成效的讨论和见解。

接下来，我们会更具体化，并讨论你可以使用的工具和模板，从而帮助你以全新的眼光看待既有资源。你将学习如何将它们应用于你面临的情况，以便识别新的机会，并将这些机会转化为行动。

原则一：重新组合

你可以修炼一种商业炼金术。炼金术士试图通过重新组合基本元素来制造黄金。他们的想法是，不添加新东西，只通过重新混合已经存在的东西来创造更有价值的东西。从某种意义上说，可以认为成功的唱片制作人、文学编辑和体育教练参与了一种炼金术。商业领袖也可以。与美国嘉德诺健康集团[①]和曼恩卡车集团[②]一样，你通常可以重新组合并包装现有元素以

[①] 专业从事健康营养品、保健食品的研发、生产及销售的跨国集团，是美国90%的医院药品及营养食品的供应商，同时也是全球性综合医疗服务提供商。——译者注

[②] 欧洲一家领先的商用车制造商和运输解决方案供应商，隶属于大众汽车集团。——译者注

解决更大、更有价值的问题，这对于客户和你自身来说都是更为经济可行的方式。我们将研究一些可以提供帮助的工具，包括"洗车"范式和利润放大方法。①

原则二：资源过滤

由于我们倾向于依据固定的目标看待资源，以及其他的一些原因（在第 2 章中会详细谈到），我们很容易忽视隐藏资源可以带来持续的增长。在第 4 章，我们将看到亚马逊云科技、路特斯和乐高②等公司如何利用隐藏资源来实现它们在早期业务规划中甚至没有预料到的快速且盈利性的增长。我们将使用一个名为"隐藏资源清单"的工具来扫描你的隐藏资源，并澄清你可能已经拥有但被忽视的增长平台。

原则三：深挖隐性

在第 5 章中，我们将深入探讨你所独有的"资源金库"，我称之为隐性资源。隐性资源指的是，要让你做的事情发挥作

---

① 在本书第 3 章中，作者将以嘉德诺健康集团和曼恩卡车集团为例分析总结利用隐藏资源的方法。——译者注

② 全球著名的玩具生产商，创立于 1932 年，公司总部位于丹麦。——译者注

用而在逻辑上必须存在的东西。我发现人们经常忽略或低估这些资源。我们将看到如何利用计算机程序员的思维模式来发现隐性资源,并研究如何将它们应用于推动增长和再创辉煌,即使你所面临的情况十分棘手。

原则四:正确提问

在这个瞬息万变的时代,我们必须提防那些带有无根据假设的宏伟计划。甚至那些基于高可信度分析的计划也经常被证明是没有根据的。推行这样的计划会浪费大量的资源。然而,如果你以正确的方式向世界发问,它会教给你什么是真正有效的,从而为你扩大规模提供自信的基础。因此,在浪费金钱之前,请使用你已经拥有的东西来检验你的假设。第 6 章将向你展示如何像 Zappos[①] 和其他运用严谨实验的组织一样,识别可能导致商业理念失败的关键假设,并尽早以尽可能低的成本在现实世界中对其进行检验。

---

① Zappos 是美国一个卖鞋的电子商务网站,1999 年创立,如今已成长为最大的卖鞋网站。——译者注

原则五：留意真实

客户通常无法就想象的场景表达他们的需求或预测他们的购买行为，这一事实限制了传统市场研究的价值。迪士尼在推出其商店时，在一个闲置的电影拍摄场地上建造了一个仿真的商店样板，邀请人们进入，并观察真实发生的事情。这种未经过滤的方法——使用既有资源去探索可能的新未来，提供了比对外委托的访谈答复更好的信息。万豪集团①在开发分时度假别墅②时也遵循了类似的路径，从较小的空间中获得了比预测更高的收入。你也可以像这样找寻或设定情境，从而在真实发生的事情中发现有价值的见解。

原则六：找出关键少数

专家们很容易陷入这样一个陷阱：他们根据自己对需求的看法来构建产品、设计服务，最终添加了客户不喜欢的功能。

---

① 全球首屈一指的国际酒店管理公司，拥有遍布全球 130 个国家和地区的超过 6 500 家的酒店。——译者注

② 分时度假起源于 20 世纪 60 年代的法国，是指人们以优惠的价格购买当地某酒店或度假村部分时段的产权，然后通过交换系统与世界各地拥有类似产权的人进行交换，从而达到前往各地旅游住宿的目的。——译者注

像通用电气（GE）这样的公司正在努力避免这种"过度设计"。通用电气的人会问："我们在哪些方面交付给客户的是他们不在意或根本不关心的东西？我们能否更好地做到'少即是多'？"我们将借助一些工具来辨明能够真正产生影响的因素。

原则七：直白描述目标

随着提供的价值发生变化，你的组织必须与时俱进。当人们谈论自己所在的组织需要进行变革时，他们会滔滔不绝地谈论诸如转型、沟通和介入之类的词，而每个人都会点头会意。但是，这些词到底是什么意思呢？除非你真的很清楚，否则你会很想购买通用的"转型计划"、"沟通培训"和"介入工具"等课程。这些通用的"解决方案"通常既耗时，又会带来混乱。它们充其量是生硬的工具，最糟糕的是，它们与影响你业务的实际问题毫无关系。相反，当你用非常直白的话来描述这些问题以及你想要的结果时，很多问题都可以由你自己的人解决，只需很少的外部帮助。我们将看到纪录片技术如何引导你获得所需的精确的、可操作的信息。

原则八：超越藩篱

任何组织内部都不乏关于"我们"与"他们"相区隔的叙

事，这种叙事模式助长了时间和精力的无休止浪费。区隔是导致压力和非建设性冲突的根源，并且使组织很难为客户创造整体性的体验。当销售部指责生产部，或者管理者指责工程师，又或者每个人都指责 IT 部或财务部时，实现新想法就变得更加困难。我们将研究与这种叙事模式共处的直接和间接的方式，以挑战关于"我们与他们"的假设，从而为实施积极的变革创造条件。

原则九：客户参与

大多数企业一说到"以客户为中心"总是头头是道，但即便是最好的企业，它的表现也是不均衡的。以客户为中心的领导者不得不面对这样一个事实，即员工将客户视为业务的"外部"是一件再自然不过的事。毕竟，就实际情况而言，客户并不住在你的办公楼里。他们当然会进入零售店，但只是作为外部访客；他们也很少出现在总部、呼叫中心或工厂。无论员工处于什么级别，其都很少与客户面对面。如果面向客户的员工被聊天机器人所取代，那么这种情况将变得更加真实。

客户比你更了解他们自己想要购买什么，但是他们的想法却很少为员工所知。有时，客户的观点甚至被公司的技术专家驳回，这些专家认为，"我难道可以从他们（客户）身上学到什么吗？"麦肯①和乐高等不同企业都受益于将现有客户的见解纳入企业业务的核心。我们也会研究员工进行类似操作的方法。

原则十：欲扬先抑

领导者在试图执行他们的计划时，会在两种棘手的立场之间徘徊：微观管理和"想方设法去管理"。前者将组织的意识限制在领导者个人知道的那些事情上——这是一种使人身心俱疲的约束；后者用奇幻的思想来代替理性思考——这很容易导致不协调的混乱。突破性的领导战略需要平衡管理层控制和员工自主权。要摆脱这个困局，我们可以从军事战略中得到启发，包括用于指派任务的REWARDS②形式。

总结：这是计划

读到这里，希望我已经让你对等待被发现和被开发的隐藏"黄金"倍感兴奋。本书将要介绍的内容如下：

---

① 全球最大的冷冻薯条生产商，拥有超过60家加工厂，产品线分布于全球110多个国家，员工人数超过22 000人。全球三分之一的薯条由麦肯生产。——译者注

② 意为"奖励"，是本书作者开发的助记符，在第12章会详细描述。这些字母基于英国陆军的"任务指挥"流程，该流程有七个步骤，作者将每个步骤的首个英文单词的首字母组合成REWARDS这个单词。——译者注

对十大原则的详细讨论

在第 3 章到第 12 章中，我们将详细介绍启动"从既有资源开始"这一理念的每项原则，并提供大量的练习、框架和问题，以供你和你的团队参考。

从现在开始，促发变革

第 13 章将帮你节省时间并帮你铺平道路。当你开始应用这十大原则时，你的组织将迎来变革。我们将研究为何你应该对推动变革保持谨慎，你要做的是学会释放变革。我们还将了解到，虽然时机似乎从来都不理想，但最好的开始时间就是现在。

率先垂范：以身作则

掌握"从既有资源开始"这一理念的最佳方法是，将其应用到自己身上。无论你是公认的领导者还是雄心勃勃的个人贡献者，都同样适用。在结语中，我将向你展示如何将这一理念与自身情况结合，从而将你的个人策略提升到一个新的水平。

不过，在我们应用这些原则之前，我们先看一看人们是如何忽视自己所在组织的隐藏潜力的。

第 2 章
潜力在哪儿？

如果时间回到几年前,我一定很惊讶自己会以"从既有资源开始"为主题著书立说。因为从既有资源开始,这个道理本就是显而易见的。但是,如果你观察组织的实际运行情况,就会发现管理者通常并不这么做,他们往往从有问题之处入手。从某个角度来看,这是有道理的。管理者需要成为优秀的问题解决者:这意味着他们将不断找到失效之处,以便能够介入并予以解决。虽然他们成功地解决了这些问题并因此确保了组织平稳运行,但是他们却可能正在强化一种将期待局限化的心态。

我的意思是,在遇到问题的情况下,我们要做的就是让一切恢复原状,其隐藏的假设是:以前我们坚持的是"金本位"标准。也许在时间宽裕的情况下,人们会去质疑这个假设,但他们却疏忽了,原因在于他们太忙于确保事情完成。说来惭愧,因为我们确实值得花时间仔细考虑这个假设。

你不能忽视问题,或者说忽视大部分问题。但是,习惯性地关注失效之处会让管理者错过各种隐藏资源及其包含的潜力。为了释放这种潜力，有必要首先寻找并推广那些关注既有成效的案例。

特别是，你需要对积极的异常情况保持警惕，即结果与你所期望的不相称的情况。例如，一个将双脚放在办公桌上（玩世不恭）的人似乎取得了最高的销售额，或者一位特定客户莫名其妙地给你送来不成比例的转介业务。这些异常现象提供了获得更好结果的线索，而不需要你付出额外的时间和努力。

找到隐性资源

大多数组织有能力调用被忽视的资源，而这将对它们产生巨大的影响。但麻烦的是，它们并不总能找到这些资源，就好像忘记了自己事实上拥有这些资源一样。这样看来，组织的记忆就像个人的记忆一样：我们所拥有的要远远多于我们实际上记得的。

为了更好地表明我的意思，让我首先问你一个问题：你有没有翻看过你的假期照片并重新发现一些你已经淡忘的事情，即使它们最近才发生？事实上，并不是你真的完全忘记了这些事情，但如果没有照片作为提示，你不会记起它们。

我的客户们也有类似的"选择性失忆症"。这种现象一直伴随着我与他们合作的全过程。然而，每当我发现客户采取了行动或掌握了方法以改变组织状况，我都倍感惊喜，只是他们的方案需要重新应用并做出调整。

例如，有一位企业家想要论证一个商业创意。在他还未花费太多时间和金钱之前，他邀请我一起合作。要完成这项论证，他需要找到一位难以接触到的特定类型的高级管理人员并与之交谈。听从客户的要求并找到这样一个可以腾出时间的高级管理人员几乎和建立企业本身一样困难。当我像在法庭上那样询问客户关于他要寻找的人物特征时，客户有些恼火了。

> 客户："高级管理人员是在收入超过10亿美元的大型企业担任顶级财务主管的人，他们不仅关心合规或成本，而且真正准备好了支持整个业务的创新。"
>
> 我："还有什么要求吗？"
>
> 客户："他们不能只是在口头上称要进行创新，重要的是，他们对此是认真的。"
>
> 我："还有其他要求吗？"
>
> 客户："他们有权采取行动并有影响力使其得以坚持下去。"

我:"还有其他的吗?"

客户:"安迪,你这是在挑衅我了,他们在智识上有足够的好奇心,倾听我的想法可以如何帮到他们……等等!我上周在一所大学的校友活动上就遇见过这样一个人,他长居香港。我现在就给他发电子邮件!"

这个矛盾的现象至今仍然让我很不解。这位企业家怎么会忘记他自己已经很准确地知道所需的人呢?我发现这种事情一直在发生,而大多数人似乎都没有注意到。

当我们过于关注短期目标时,或者讽刺地说,当我们过于受"生产性系统"驱动时,我们的注意力范围就会缩小,我们与自己已知的事物也就失去了联系。上述这位咄咄逼人的企业家需要停下来思考。一旦从一个全新的角度看待问题,他就会意识到其实答案就在自己手中。

正如人们会忘记自己所知道的一样,组织也是如此。我与一位部门副总一起工作过,他需要尽快增加对现有大客户的销售额。他的团队在讨论时陷入了僵局:他们所能想到的就是推出新产品(但并未明确是什么产品),招募更多的销售人员,或者双管齐下。这些想法虽然不具有创新性，但也不是没有道理。问题是，业务计划尚未确立，即使这些计划获得批准，实际的实施过程也会很慢，无法达到这位副总的预期目标。

我们重新审视了这个问题并得出结论，认为真正能及时奏效的是一项新的"客户亲密度"计划。该计划将利用这位副总的市场地位，使他们能够为客户提供有价值的见解以及进行专属联络，以此赢得新一轮的预订销售额。

正如一位同事问的："你的意思是跟我们2012年制订的那项计划一样吗？"

是的，正是立足于既有的工作基础，这项计划在不到三个月的时间里就付诸实施了。

正如你翻阅假期照片时，它重新唤起了你很多积极的回忆。这就是柯达和宝丽来①建立业务的整体理念。我们并不是忘却了——只是记不起来了。同样，在更多的时候，并不是你没有能力实现某事，而是你不记得你拥有这种能力。

我们在后面的章节中接触到的许多原则都旨在重新唤起你对既有资源的认知。

---

① 宝丽来是世界上最早开发拍立得照相系统的企业，也是最大的拍立得照相器材生产企业，其胶片产量居世界第二，仅次于柯达——译者注

第 2 章 潜力在哪儿？

忽视既有资源的原因

对于通过解决问题而取得成功的管理者来说，"从有效之处开始"的理念可能会让他们感到奇怪。解决问题这一做法本身是存在问题的，它旨在将事情恢复原状，而不是推进行动。相比之下，当你从有效之处开始时，你不仅是在修补漏洞，而且可能会根据你的优势和既有资源开辟全新的途径。但如果这是一个了不起的主意，为什么没有更多的组织这样做呢？让我们看看是哪些心态导致了这个现象。

想当"救世主"

通常，管理者会忽视既有资源，转而从外部寻找一次性的解决方案。他们希望外部的某件事或某个人能带来一种可以解决所有问题的"灵丹妙药"。但这通常是不会发生的。

管理者盲目地从外部寻求帮助的最常见方式之一是尝试买入，我称之为"救世主"解决方案。这些管理者假设"救世主"拥有组织内部无人拥有的某些特殊知识或能力。以下是一个典型的寻找"救世主"的例子：

基石型明星雇员。基石型明星雇员带着光彩夺目的履历抵达。他们争先恐后，想要重整旗鼓，结果却是徒劳无益。他们无法欣赏新同事的才能、团队合作和成就。其口头禅是"当我在谷歌/苹果/亚马逊/高盛①……时，我们是这样做的"。研究表明，这些明星雇员往往令人失望，主要是因为他们之前的成功虽然是真实的，但实际上并不能全归功于他们。是团队合作、灵活的流程、良好的产品市场适应性和才华横溢的同事支持他们乘风破浪。

当然，"救世主"不一定以人物的形式出现。以下是两个"救世主"解决方案的例子：

收购。老板很容易发现自己被隔离在办公室的角落里，交谈对象只有他们的投行顾问。就这点而言，他们失去了与实际业务的联系——包括与他们的员工和客户。他们的世界被简化为一堆电子表格。因此，对于"我如何成长？"这个问题，答案自然是"做一笔交易，买入一些"。成为交易者真是令人兴奋！但是，一旦你完成对一家企业的收购，你就必须对其进行整合。要做到这一点，你最好对所谓的员工和客户等"陌生人"有很多了解。

---

① 高盛是一家国际领先的投资银行，成立于1869年，是世界上历史最悠久及规模最大的投资银行之一，总部位于纽约。——译者注

新建一个 IT 系统。你曾多少次听到有人说，解决公司所面临的挑战关键在于搭建新的客户关系管理（CRM）系统、企业资源规划（ERP）系统，尤其是现在提倡的某种人工智能（AI）系统？听到这些支持新建系统的意见，你会认为引入这些改变是轻而易举的事，之后每个人都会热情地接受改变后的工作程序，从而确保成功。但这在实践中似乎很少能顺利进行。

不要误会我的意思。我完全赞成聘请最优秀的人才，明智地进行交易并从技术的智能使用中受益。但是，如果将它们视为"救世主"，则是问题所在，而这些"救世主"往往是泥足巨人。事实上，招聘基石型明星雇员、发起并购以及展示 IT 项目是企业领导者所能依赖的风险最高的事情。

盲目复制别人

企业之间相互模仿的情况经常发生。这可能是出于对数量安全的渴望、对"行业最佳实践"的痴迷，或者只是单纯的懒惰。没有法律规定信息呼叫中心的工作人员必须说"您的电话对我们很重要"，但每一家都是这样做的。

当然，复制那些成功的企业是有意义的，但前提是你要复制那些能带来改变的东西。我们很轻易地看到成功的企业，并对它们的成功之道做出错误的总结。我听过一句非常生动的话：所有的首席执行官都会上厕所，但没有人认为这是他们作为商业领袖取得职业成功的共同因素。

对于所有以成功企业为研究对象的商业类书籍来说，这都是一个潜在的问题。这就是为什么我建议你检验他人的经验教训是否真正适用于你（见第 6 章）。案例非常适合激发灵感，你也可以将其作为观念的来源进行检验，但不能将其作为盲目遵循的模型。

对熟悉的事物视而不见

在回家的路上，我经常不得不停在同一组红绿灯处。当我第一次停下时，我的注意力被一个不寻常的标牌吸引住了，这个标牌就是"UTCHE"。

这让我一时陷入困惑。我在想："UTCHE"是什么呢？是一门外语吗，也许是日耳曼语？还是一个品牌名称？或者是某种类型的商店？

这些问题几乎是瞬间在我脑海中闪过，有那么一瞬间的困惑和新奇。这有点像当你在酒店房间醒来时，一时不确定自己

第 2 章 潜力在哪儿?

在哪里。然后,我意识到发生了什么。这个标牌其实就是"BUTCHER"(肉店),但是字母 B 和 R 已经掉了下来。

当字母第一次脱落时,店伙计可能就注意到了。即使他没有注意到,也几乎肯定会有人走进店里说:"喂,伙计,标牌掉下了两个字母。"店伙计也确实想把标牌修好,但是他很忙,拖延了。几天过去了,他还是没理会。很快,他就完全忘记这件事了。

如果店伙计走过街道,从另一边看他的门店,就像潜在顾客看到的那样,他会突然意识到问题所在。这将是一个非常明确的信号,他可以利用这个信号来更好地经营门店。

然而,这位伙计虽然每天路过这个标牌,但他甚至都没有意识到这个问题的存在,他也不知道这会让潜在顾客望而却步。所以,他的生意肯定会步履维艰。

其实,这种事情随处可见。我们家里可能都有类似的东西:掉下来的卫生纸架、地板上的划痕、你打算更换的灯罩,还有那张标注着"紧急"字样的提示贴(实际上它贴在电脑屏幕上已经有三个月了)。

你看到这些东西,从某种意义上说,只不过是这些东西映射在你的视网膜上,但你不再感知到它们的存在。这也是人之常情。

在生活或工作中，我们错过了多少这样的信号？真的很难说。除非你能想出一种方法——拥有"在街道另一边"的视角，也就是潜在顾客的视角——否则，你会忘记这些事情的存在。

陷入假想

牛津大学哲学家尼克·博斯特罗姆（Nick Bostrom）和当下备受追捧的企业家埃隆·马斯克似乎都真诚地相信我们生活在计算机的模拟世界中，就像电影《黑客帝国》所展现的那样。

对我来说，这听起来有点疯狂。但这并不意味着我不同意我们生活在一个梦幻世界中的想法。企业和个人都必须努力与现实世界保持联系。

当我成为一名顾问时，我的导师给我上的第一课就是要注意处理"环境中可观察的行为和证据"。这对所有商业人士来说都是明智的建议——传闻和错误的信念很容易把你引向错误的方向。

人们确实很容易陷入令人信服的幻想中。

一天早上，我在住所附近的公园散步时，看到一只喜鹊站

第2章　潜力在哪儿？

在草地上。这没什么不寻常的——它们在那个公园很常见。不寻常的是，当我靠近它时，它"变成"了一个闪亮的黑色垃圾袋！大脑骗人的把戏竟有如此惊人的效果，以至于我忍不住笑出声来。

心理学家可能会解释说，知觉在很大程度上是由记忆和期望的混合体构成的。我期待在公园里看到喜鹊，大脑接收了这个合理信号，于是我便看到了一只喜鹊。

这让我遐想：如果我没有靠近，进而没有发现它原来是个垃圾袋，会怎样呢？我就会认定自己确实看到了一只喜鹊。然而，我完全错了。

一旦你考虑到信念的影响，就会产生另一种错觉。至少在英国，一个人遇到多少只喜鹊是有不同含义的。这在诗歌中得到了体现："一为悲伤，二为欢乐，三为女孩，四为男孩。"所以，如果我也有这样的信念，我看到的就不仅是一只喜鹊，更是一个预兆！

也许这会给一天的剩余时间增添色彩。我会将无辜的巧合视为威胁。也许我会忽略机会，认为它们好得令人难以置信。也许我会专注于自己和他人的弱点，而忽视优势。

商务人士可能会陷入哪些令人信服的幻想呢？例如：

- 客户只对价格感兴趣（但他们通常并不如此）。
- 客户不会支付更多（但他们通常会）。
- 新生代的年轻人想要把所有东西都放在自己的盘子里（但他们通常不会这样做）。
- 他们的产品很一般，但没关系，因为"我们的服务很棒"（但客户却发现服务部门傲慢、漠不关心）。
- 只做可以衡量的工作（但可衡量的东西通常会糊弄人）。

这些幻想令人信服，因为它们看起来很真实！

我们所有人都会被这些东西所吸引。这就是为什么我们需要一些方法来摆脱我们自以为知道的东西对我们的迷惑。

忽视一线

太多的管理者忽视了员工的意见，因此与业务改进的巨大潜力隔绝了。

有时，令人遗憾的是他们故意不屑一顾，认为一线员工资格不够、地位较低。"员工能知道什么？"他们问自己。但更多时候，这种偏见是无意识的——高管们根本不会意识到一线员工可能有真知灼见。

不管出于什么原因，这种趋势都是有害的。一位转型专家表示，当他被要求拯救一家失败的企业时，他做的第一件事就是与车间工人和客服人员交谈，以了解"管理层是如何搞砸了业务，以及我们应该采取什么措施来解决它"。

答案几乎总是有价值的。有利于业务发展的信息其实一直都存在，但却被管理者忽视了，这种情况屡见不鲜。

一线员工了解客户，了解浪费，了解制约业务发展的瓶颈。问题在于，你在多大程度上利用了这些知识？

觉得外来的和尚更会念经

贾斯汀·哈伯（Justin Haber）是一名来自马耳他①的职业足球运动员。他还是一家餐厅的老板，该餐厅曾出现在奈飞②制作的有关业务转型的系列剧《水岸餐厅急救队》中。哈伯对海鲜的喜爱近乎狂热，他会订购来自诺曼底的顶级牡蛎以及来自挪威的小龙虾等空运食材。你可以想象，这些食材的成本是天文数字，他的损失也是如此。而奇怪的是，一个海鲜市场距

---

① 位于南欧，是一个位于地中海中心的岛国。——译者注
② 奈飞是一家会员订阅制的流媒体播放平台，总部位于美国加利福尼亚州洛斯盖图，成立于1997年，凭借自制的美剧和突破性的排播冲击传统电视平台的优势。2021年1月，该公司宣布总用户数达2.03亿，该公司也因此稳坐全球流媒体头把交椅。——译者注

低风险创新

离他的海港餐厅仅 100 米，该市场出售当天捕获的一流的地中海产品。他怎么可能忽略了这一点？

也许你会说哈伯作为餐厅老板，不如他作为职业球员干得出色。但我认为，问题不在于敏锐度，而在于认知度。由于诺曼底牡蛎和挪威小龙虾不是本地产品，其名声被放大了。如果你是马耳他本地人，你会觉得这些产品似乎比当地海鲜市场售卖的更具异国情调。

"异国情调"这个词的字面意思是"来自外部"。来自远方的专家比我们本土的专家更有吸引力。我曾听到一位纽约人坦言，他从未参观过自由女神像，他迫不及待想去巴黎看看埃菲尔铁塔。无论真实的情况是什么，似乎大家都觉得外来的和尚更会念经。

被困在现有框架中

鸭嘴兽是一种奇怪的生物。像许多爬行动物一样，它是卵生而非胎生。但与爬行动物不同，它又是恒温动物。这种产卵，有毒，具有鸭嘴、海狸尾、水獭脚的哺乳动物外貌奇特，欧洲博物学家第一次遇到该物种时也困惑不已。有些人认为这是一个精心设计的骗局——他们认为这是狡猾的动物标本制作

第 2 章　潜力在哪儿？

人员将鸭嘴缝到了海狸身上。

鸭嘴兽是哺乳动物还是爬行动物？这种"异常"（《布里斯班时报》曾称其为"基因杂种"）怎么可能存在？这些问题当然与鸭嘴兽无关。在没有得到来自伦敦的维多利亚时代博物学家的确认或被《布里斯班时报》评论的情况下，鸭嘴兽已经繁衍了数百万年。

当观察到的事实不符合现有的类别时，人们就会挣扎。他们抗拒事实，或者只是对这些事实稍做解释。这对"行业专家"来说是一个巨大的陷阱。想想美国的主要汽车制造商在 20 世纪 70 年代对从日本进口的早期"紧凑型"产品的反应。他们基本上会说："这也能称为汽车吗？"然后继续制造耗油量大的汽车。当艾伦·穆拉利 ①（Alan Mulally）被任命为福特汽车公司的首席执行官时，人们同样不看好他。美国汽车行业"知道"：除非你是行业内部的"汽车人"，否则你无法经营一家美国汽车公司。而穆拉利来自航空领域，曾在波音公司担任高级管理人员。穆拉利接手福特汽车公司之后，设计了一个戏剧性的转变，

---

① 艾伦·穆拉利，曾担任波音公司执行副总裁，拥有 37 年的航空业工作经验。穆拉利于 2006 年出任福特汽车公司首席执行官，他把自己在航空业的危机处理经验应用到了汽车行业，让正面临破产困境的福特汽车公司起死回生并重新崛起。如今，福特汽车公司成为底特律汽车行业的唯一本土守护者。——译者注

推行基于紧凑型汽车平台的全球战略。由此，在2010年福特汽车公司开创了十年来的最好业绩。也许那些"业内人士"会从该案例的某些实践中受益——用新的想法来重构陈腐的类别。

依赖均值，忽略有益的异常

我的客户知道我喜欢讲下面的笑话："你有没有听说过统计学家在穿过平均两英尺①深的河流时溺亡的笑话？"计算均值的做法可以让大量信息更容易掌握，但它也会隐藏至关重要且最有用的数据。这个道理在很多场合都适用，以至于培养一种以怀疑态度对待所有均值的习惯是非常有价值的。下面只是一个例子：

2013年5月24日，《金融时报》的主页刊登了投资通讯员戴维·奥克利（David Oakley）的一篇有意思的文章，标题是《是时候购买欧洲的世界级股票了》。文章开头这样写道："这是一个可能会令人皱眉的事实。欧洲的一些世界级公司和股票的注册地通常被视为欧元区的落后国家。从西班牙肠衣制造商到爱尔兰博彩集团和意大利时尚企业，欧元区经济困难的国家是世界上一些表现最好的股票的据点。"要了解具体的公司案

---

① 1英尺≈0.305米。——译者注

第 2 章 潜力在哪儿？

例，建议阅读原文。文中示例包括西班牙肠衣制造商维斯克凡、拥有 ZARA 这一品牌的西班牙时装零售商 Inditex 以及意大利服装和配饰公司菲拉格慕。

这篇文章中有一个极其重要的提示：当人们谈论"经济"时，他们总是立足于均值。事实上，个别公司的增长可能远高于所在国家 GDP 的增长，或者所在产业部门或市场的增长。同样，个别公司的盈利能力也可能远高于行业平均水平。

均值也可以掩盖公司内部的类似影响。有时，一个团队、一个车间、一个制造单元或一个人可能会存在被统计数据所掩盖的异常表现。例如，我的朋友阿拉斯泰尔·德赖伯勒（Alastair Dryburgh），他是《关于商业，你所知道的都是陷阱》一书的作者，曾被任命为一家营销咨询公司的商务总监。该公司一直在努力提高盈利能力，阿拉斯泰尔计算了公司每小时的平均利润为 120 英镑。然后他看了看细节，发现有些项目每小时的收入高达 300 英镑，而有些项目每小时的收入仅为 30 英镑！然而，如果没有这种分析，看起来好像所有的咨询顾问都做出了同样的贡献。仅仅通过停止某类无利可图的项目并专注于有利可图的项目，他得以在 9 个月内将每小时的平均利润提高 25％。

如果我们放松警觉，就很容易陷入这样的假设，即我们受制于抽象的概念，如"经济""GDP""消费者情绪"。我并不是说这些东西没有传达任何信息，而是说它们包含的有用信息不多。我经常听到经济指标被用作在暴风雨来临前航空公司封舱的有力证据。而与此同时，在相同的环境下航行的其他公司却正取得显著的进展。

什么最值得关注：是令人沮丧的抽象摘要，还是具体的、实在的且鼓舞人心的反例？

对业务"了解"太多

有人可能会说："到目前为止，我在业务上做得很好了。我已经让了解这个行业的专业人士全力以赴了。我不相信既有资源还拥有其他方面的巨大潜力。是什么让你这么认为呢？"

矛盾的是，丰富的业务经验反而让我们很容易忽视隐藏的潜力。随着管理者不断积累经验，他们对可能性的期望很快就会形成习惯，他们习惯于自己的行业、组织和员工。当他们审视这些可能性时，仅仅将其视为一种渐进式改良即"更多相同的东西"。明智的管理者需要对此保持警惕，并拥有从全新角度看待熟悉世界的工具和行动。

专栏 2.1

使用还是利用

很多人把"使用"和"利用"当作同义词,但实际上两者在含义上存在一种有意义的区别。"使用"某物的意思是使用它来达到预期的目的。而"利用"的含义略有不同,它指的是以一种新颖的方式使用某物,或以偏离最初意图的临时目的来使用某物。使用一项资源意味着照旧行事,而利用一项资源却是创新之举。本书建议采用一种利用的心态。

小结

在本章我们研究了一些惯性思维,这些思维阻碍了我们关注既有资源以及挖掘既有资源的潜力。人们忘记了自己拥有什么,低估了已有事物的价值;人们被光鲜亮丽的事物挡住了视线,扭曲了认知。

好消息是,这些惯性思维是有矫正方法的。因此,在接下来的章节中,让我们来看看这些锦囊妙计,它们是能帮助你创造巨大价值的原则、思维方法和工具。

第 3 章
原则一:重新组合

低风险创新

在我们这个动荡的（所谓的"VUCA"*①）世界中，企业需要不断创新才能发展壮大，这已经是陈词滥调了。根据我的经验，领导者在将这个想法转化为行动时会遇到很多挫折，包括：

第一，变革的困境。正如任何有经验的治疗师都会听到客户说，"我希望有所改观，但我自己不必做出改变"。未来的创新领导者也将面临同样的挑战。

第二，以"日常"为借口。人们赞同追求新的举措，但又抵制实行这些新举措，他们说"我本可以做更多，但我有日常工作需要处理"。因此，他们将创新定位为超出职责范围的额外工作内容。

第三，对熟悉事物的舒适感。对于在过去发挥了作用的行动，人们害怕将其摒弃，即使这些行动现在显然失效了。他们

---

* VUCA 由 volatility、uncertainty、complexity 和 ambiguity 四个单词的首字母构成。该术语起源于军事界，但已在商界流行。

① 组成 VUCA 的四个单词的意思分别为易变性、不确定性、复杂性和模糊性。——译者注

会说："我们应该坚持那些行之有效的方法，我们只需要加倍努力。"

第四，难舍沉没成本。人们以在经济上不合理这个原因顽固地支持一项失败的行动方案："我们已经走到了这一步，并投入了如此多的金钱、时间和声望——我们不能放弃这项投资。"

一些领导者如果够坦诚的话，会承认自己陷入了这些倾向中的一种或多种。他们甚至常常向同事抱怨这些问题。

专家们经常批评这类企业及其领导者，称他们"裹足不前"，甚至用更糟的说法形容他们。但是，他们的困境其实很容易理解。我发现，与我交谈的领导者几乎都承认创新的必要性。他们很清楚竞争对手因为具有趋同性而很难区分，同样，他们也不愿意半路杀出个程咬金。

但是，有关硅谷"登月"计划的故事虽然鼓舞人心，听起来却像是白日做梦。而且即使是在资金充足的企业中，用以创造增长的资源也会受到内部竞争的制约（更不用说如果你获得了资金，你的问题很可能才刚刚开始：这就类似于用老板的钱玩轮盘赌①）。

如果有一种向前的方式可以让你在变革中保持熟悉感，在"日常工作"的基础上寻求发展而不是轻视其作用，并让你感觉至少从失败的投资中获得了一些回报，那不是很好吗？这种方式不会全然不提你过去的荣耀，从而让你背负巨大的情绪包袱。

从既有资源开始，可以帮助你实现上述成就。而遵循本书的第一项原则尤其重要，即重新组合现有元素，让它们创造更多价值。

做一名商业的炼金术士

如何利用普通的元素——你手头上的东西——创造出新的价值？为了了解这个问题的答案，炼金术提供了一种具有启发性的比喻。古代炼金术士的最大追求是将铅等基本元素转化为黄金。显然，他们并未获得成功。他们的工作尽管令人难以置信，但依旧产生了惊人的影响力。艾萨克·牛顿（Isaac Newton）认为自己是一名炼金术士，他关于这个主题的著作比他

---

① 一种常见的赌场博彩游戏。轮盘中一般会有 37 个或 38 个数字，庄荷负责在转动的轮盘边打珠。珠子落入某格，某格的数字就是中奖号码。——译者注

在物理学方面的著作还要多*，而近代化学之父罗伯特·波义耳①（Robert Boyle）则在其炼金术导师奠定的基础上建立了化学这门学科。如果你思考一下基于牛顿的物理学和波义耳的化学所产生的难以置信的财富，结合他们雄心勃勃的目标、富有想象力的假设和越来越严格的实验，你会发现炼金术士实际上创造了比黄金更有价值的东西。

本书所称的炼金术士所做的并不是从"无"中创造"有"，认识到这一点很重要。他们力图从已经存在的事物中创造出更有价值的东西。他们并没有试图通过魔法或咒语来做到这一点；相反，他们试图成为科学家。他们利用手头上的东西，如铅、汞等元素，并让它们经历自然的过程。

虽然从字面意义来说炼金术可能不切实际，但它依然可以促使我们思考以下问题："你如何将基本元素转化为黄金？"或者，换一种更贴切的说法："你如何利用既有资源，将它们转化为更有价值的东西？"

---

* 印第安纳大学的艾萨克·牛顿炼金术项目（The Chymistry of Isaac Newton Project），是牛津大学牛顿项目（The Newton Project）的合作者，致力于编辑和展示牛顿有关炼金术的研究。

① 英国化学家，近代化学的奠基人。其著作《怀疑的化学家》于1661年出版，这一年被认为是近代化学的元年。——译者注

要回答这个问题，首先要确定你业务中的基本元素，然后进行实验，以了解这些元素之间的重组会如何影响其价值。关于怎样做到这一点，让我们来看一个例子。

产品炼金术：发现新价值

嘉德诺曾经陷入困境。集团有一项业务是生产外科手术用品，如手套、缝合线和手术刀，但有一段时间却遭遇了利润下滑。许多医院认为其他供应商的产品基本上可以与嘉德诺旗下的优质产品相互替代，所以当时嘉德诺面临十分激烈的价格竞争。当赢利变得越来越困难时，嘉德诺开始想要彻底退出这个行业。

但在公司做出最后的决定之前，有人打算重新关注产品的实际使用情况。他们利用被忽视的关系资源，即与医院建立的联系，来获取相关外科医生、护士和管理人员的专业知识和经验。这种方法我们在下一章会看到。

也许这看似"事后诸葛亮"——只是在"与客户沟通"，对吗？但你并不会真正看到处于激烈竞争中的人会这么做。毕竟，由于面临压力时所产生的注意力范围狭窄效应，人们很容易患上"俯冲轰炸机"综合征，即为了锁定降低成本的目标，

第 3 章 原则一：重新组合

在飞近地面时无法注意到更广阔的环境。通常来说，优秀的运营主管会得到提拔，因为他们可以让大量员工一起工作以实现短期目标。但他们经常发现自己难以拓宽视野、挑战基本假设以及释放新的机会。事实上，我在商学院开设高管教育课程的主要目的，就是为了帮助他们克服这一点。

嘉德诺的手术设备业务正处于一个十字路口，无论该业务之前运营得多么好，照旧行事显然行不通了。因此，嘉德诺的人确实利用了公司的关系资源。而在此过程中，他们想到了一个极具影响力的办法：将耗材组合成与特定的外科手术程序完美匹配的套件。例如，对于疝气手术，他们会在手术当天交付一个工具包，所有基础耗材都准确排列并放置在无菌工具包中。这样做可以简化组织方式，将手术出错和库存中断的风险降至最低，并因此帮助医院降低库存及库存管理成本。凭借相同的基本产品、对客户真实需求的洞察力以及经过深思熟虑的包装方式，嘉德诺获得了领先地位并顺理成章赚得了溢价，而这正是从既有资源中创造更多价值的例证。

嘉德诺找到的这个方法也可能会让炼金术士着迷。从某种意义上说，该公司确实将基本元素变成了黄金。

价值提升

嘉德诺将产品分解为最基本的形式,并给它们披上了"金色"外衣。简言之,就是从既有资源开始,这包括:

- 制造高质量的手术器械和用品的能力。
- 与医生的关系,这些医生乐于讨论产品的日常实际使用方式。
- 与医院管理人员的关系,他们能够就手术室里的经济学提供见解。
- 在品牌、包装和运输产品方面的能力。

在嘉德诺的这个例子中,基本元素是缝合线和手术刀等产品,以及有关制造、运输等方面的工艺知识。表 3.1 列出了其中一些元素,并且描述了每种元素所包含的价值。为你自己的业务重复这项操作不失为一项有用的练习。

请注意,嘉德诺将这些元素进行了组合,使得组合值超过了各个部分的总和:这就是炼金术。让我们更详细地了解它是如何发挥作用的。

表 3.1 将产品分解为价值元素

元素	价值
手术刀	使外科医生能够切出干净、准确的切口
缝合线	帮助外科医生缝合伤口
外科手套	使医护人员能在不引发病人感染的情况下进行手术
交付	使医护人员能够最大限度地利用与病人共处的时间
包装	保护产品直至其投入使用

基础价值与炼金术价值的对比

图 3.1 将基础价值与炼金术价值进行了对比。每一条带编号的线都代表了投入和输出、努力和结果之间关系的一种不同的思维方式，或者说一种不同的心态。我的观察是，很多管理者都有第 1 条线所代表的心态。他们的期望是：投入越多，仅按比例得到的就越多。这就是产品心态，即"为了赚更多的钱，我们需要卖更多的手术刀"。

第 2 条线和第 3 条线更有意思，它们描述了价值相较于成本不成比例地增长，而这是非常理想的情况。

我与许多提供优质产品和服务的企业合作过，这些企业在激烈的竞争中努力维持价格，它们所能想到的仅仅是进一步提

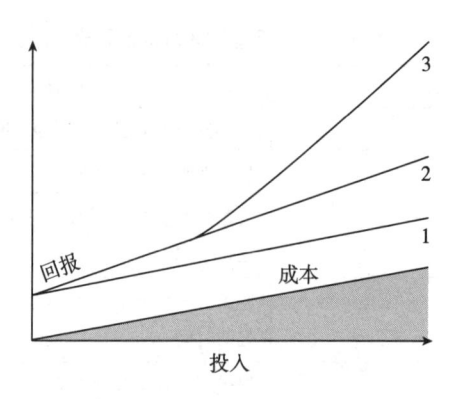

图 3.1 基础价值与炼金术价值的对比

高质量或者更卖力地宣传产品和服务的卓越品质。

以对客户有意义的方式脱颖而出可能很困难。然而，这一问题看似难以解决，但你如何看待它却发挥着至关重要的作用。就像嘉德诺所做的那样，通过重新审视你的产品并将现有元素重新组合，你会发现其中可能隐藏着未被开发的巨大潜力，这些潜力可用于创造价值并最终提高价格。

改进基础元素可以让你保持业务或赢得额外业务，但在达到某种程度后却不再如此，这一点是工程师和技术专家难以接受的。在许多成熟的市场中，所有的竞争对手大概都能提供相同质量的产品，至少在客户眼中如此。了解这一点当然很重要。举个很容易理解的例子：想想中等价位的家用汽车市场，不同的制造商提供的产品实际上是很难区分的。我们将在第 8

第 3 章 原则一：重新组合

章深入研究这个维度。

对于市场中的特定层级的产品或服务，购买者通常无法在同类产品或服务中做出区分，不论是缝合线、屏幕分辨率，还是法律专业知识。购车者可能认为沃克斯豪尔①雅特和福特②福克斯之间没有任何重要区别，即使这两者在其制造商看来完全不同。同样，我将在第 8 章更多地谈论能够产生影响的差异。

那么，你可以做些什么？你经常听到的一个答案是："我们将通过提供优质服务展开竞争。"但竞争对手的服务标准往往也不逊色。RAC③提供的路边服务真的与 AA④提供的同类服务不同吗？英国航空的跨大西洋商务舱真的和汉莎航空的同等舱位有那么大的差异吗？

实现差异化突围的一个绝佳方法是考虑拆分和重组。人们喜欢组合包或工具包——我认为这种吸引力始于童年时的生日礼物和圣诞礼物——如果某些东西的组合恰到好处，它们对客

---

① 英国产量较大的轿车厂商，1903 年开始制造汽车，1925 年被美国通用汽车公司收购，现为法国标致雪铁龙的子公司。——译者注
② 美国最大的工业垄断组织和世界重要的跨国企业之一。1908 年生产出世界上第一辆属于普通人的汽车——T 型车，开启了汽车领域的工业革命。——译者注
③ 英国皇家汽车俱乐部。——译者注
④ 新西兰汽车协会。——译者注

户的价值相较于你的额外投入就会不成比例地放大，从而帮助你赢得相对于单个售价的溢价。

使用组合包以转变业务

从既有资源入手，并通过易于实现的附加功能来放大这些资源的作用，这样你便可以通过智能拆分和重组来使你当前的产品更加有利可图。例如，你可以使用组合包做到如下几点：

- 减少使用产品的诸多麻烦。
- 将情感吸引力从一件物品转移到另一件物品。
- 帮助人们找到犒劳自己的理由。
- 引入客户可能没有尝试过的新事物。
- 向买家介绍最佳组合（就像厨师对菜单所做的那样）。
- 仅仅是利用各个年龄段的人都喜欢"工具包"这个事实。

那么，如何开发这样的组合呢？下面概述了六种方法。

方法1：就地安排

这指的是为厨师烹饪菜肴而组织及安排所需的食材和器具。这正是嘉德诺为特定手术量身定制工具包的做法。通过帮助外科医生做好准备，嘉德诺获得了溢价。

- 从你的既有资源开始，外加你在需要时可以轻松获得的东西，你如何才能让人们更轻松地准备使用你的产品？
- 你能在有利的角度为他们就地安排吗？

方法2：之前、期间和之后

你可以使用一项戏剧技术来重新思考客户体验。戏剧导演有时会让演员即兴创作剧作家所创作的故事之前及之后发生的故事。这样，他们便创造了一个背景故事，增加了深度并使表演场景本身更加令人满意。企业也可以做类似的事情。例如，维珍航空①的头等舱服务在飞行前后为乘客做了很多事情——准备餐食、准备淋浴用品、理发，甚至擦鞋。这不仅大幅提高了服务价值，还加深了乘客与品牌之间的关系，使公司收获了更多回头客且机票的售价更高。

- 关注之前、期间和之后，你如何才能让你的客户在这些方面更享受其中？

---

① 始建于1984年，是英国一家航空公司，总部设在英国克劳利。维珍航空是维珍集团的附属公司之一，提供来往英国的洲际长途航空服务。——译者注

方法3：额外服务

在美国施乐①的众多业务中，其中一项是准备文件。公司注意到自己被要求准备各语种的文件，并意识到可以将翻译作为一项综合服务提供给客户。获得翻译专业知识既简单又低成本，但公司在创新的环境中使用该专业知识使其价值得到了放大。此外，公司还实现了规模经济，得以用比客户更低的成本完成翻译任务。更令人兴奋的是，公司可以将翻译与自身的其他能力结合，创造出新的顶级价值。那么，是否考虑一下将这些新服务——例如翻译并打印用户手册——加快推向国际市场？这是值得去做的。

• 你能否帮助客户减少分包商的数量，以帮助他们以更低的成本或更高的质量更快地达成他们的目标？

方法4：借力

我曾和一位负责管理者发展项目的主管一起工作过，她取得了远超同行的销售业绩并建立了强烈的客户忠诚度。对此，

---

① 全球最大的数字与信息技术产品生产商，是一家全球500强企业。——译者注

第3章 原则一：重新组合

她再清楚不过了。当她举办研讨会时，除了项目介绍资料，她会给每位代表准备一个工具包，里面装有便利贴、钢笔等，此外还有 Moleskine[①] 笔记本。

现在，Moleskine 笔记本的售价为每本 15~16 英镑——售价远远超过其制造成本，这主要归功于品牌的建立。虽然 Ryman[②] 也售卖精美的装订笔记本且价格不到 5 英镑，但欧内斯特·海明威[③]（Ernest Hemingway）并不买它的产品，他选择使用 Moleskine 笔记本（至少根据传说是这样）。如果某类事情对你很重要，你一定会支付额外费用。

与管理者发展项目的费用相比，Moleskine 笔记本几乎可以说是免费的。但后者却创造了不成比例的效果，比如瞬时建立起了口碑，让客户感到自己与众不同，诸多回头客也不止一次地明确表示过肯定。

• 你能否从其他品牌那里借点力，无论是个人品牌还是企业品牌？

---

① Moleskine 笔记本被赋予"传奇笔记本"的称号，备受艺术家和文学家喜爱，并渐渐成为使用者独特个性的重要体现。——译者注
② 英国老牌文具品牌，红底白字的招牌非常醒目，在英国有 200 多家分店。——译者注
③ 欧内斯特·海明威（1899—1961），美国作家、记者，被认为是 20 世纪最著名的小说家之一。——译者注

方法5：产品即服务

越来越多的企业不再将产品和服务视为不同的东西，它们认识到客户想要的是结果。这一结果可能来自产品或服务，通常则来自两者的创造性融合*。

这种想法并不新颖，实际上在几十年前就已经存在。你可能听说过劳斯莱斯的"按小时供能"合同。该公司早在1962年就开始使用这种合同。实际上，劳斯莱斯是在对飞机运营商说："您是在为飞机所使用的推力付费而不是为发动机付费。我们会监控发动机并使它们保持运转，因此当您的飞行员调整推力杆时，总能避免出错。"这样，飞机运营商就免除了维护发动机的负担，劳斯莱斯则拥有了基于长期客户关系的持续收入。

与之前的情况不同的是，在物联网的背景下，现在更多的企业也可以选择提供产品即服务（PaaS）。通过熟悉Sales-

---

* 阿斯顿商学院的蒂姆·贝恩斯（Tim Baines）教授更进一步，建议你将你的产品重新考虑为一种服务，你的客户会随着时间的推移将它用完。

force[①]、Dropbox[②]、Zoom[③]等 SaaS（软件即服务），客户对这一想法也越来越习惯。

在纯粹的 PaaS 模式下，制造商拥有并维护产品，客户只是使用它。而在另一种情况下，客户拥有产品，但不负责保持产品的正常运行。

你可以改变你所在的企业所传递的价值类型。例如，对于一项服务，企业可能会根据机器的正常运行时间或输出单位等特定结果定价。虽然在形式上有所差别，但卡特彼勒[④]（采矿设备）、阿尔斯通[⑤]（高速列车）和喜利得[⑥]（建筑工具）等公司都在这一点上取得了成功。

---

① Salesforce 创建于 1999 年，总部设于美国旧金山，是一家客户关系管理（CRM）软件服务提供商，可提供随需应用的 CRM 平台。——译者注

② Dropbox 成立于 2007 年，总部设于美国旧金山，是一款提供文件同步、备份、共享云存储能的软件。——译者注

③ Zoom 成立于 2011 年，总部设于美国加利福尼亚州圣何塞，是一款多人手机云视频会议软件。——译者注

④ 卡特彼勒公司成立于 1925 年，总部位于美国伊利诺伊州，是世界上最大的工程机械和矿山设备生产商、燃气发动机和工业用燃气轮机生产商之一，也是世界上最大的柴油机生产商之一。——译者注

⑤ 阿尔斯通 1928 年成立于法国，是全球轨道交通、电力设备和电力传输基础设施领域的领先企业，以创新性环保技术而闻名。——译者注

⑥ 喜利得集团的总部位于列支敦士登，为全球建筑行业提供高品质的技术领先的产品和产品系统，并提供创新性解决方案和具有超高附加值的专业服务。——译者注

PaaS让你思考客户真正看重的东西。与燃料分销商霍耶集团①合作的曼恩卡车集团意识到车辆本身的成本仅占客户运营预算的一小部分（约4％）。相比之下，司机因背痛而不在岗或者在合适的地点是否有车辆可用等因素却在更大程度上影响着公司的盈利能力。这表明，公司可以进行各种创新，不仅有传统的产品方案，如符合人体工程学的座椅，还有"卡车可用性即服务"的新理念。

• 基于能够满足你的客户需求的高级服务，你能否重新调整你的产品而不会让它们陷入所有权上的麻烦？

方法6：设计创造审美价值

我参观过历史悠久的伯明翰珠宝学院，学院负责人向我解释了东西方珠宝定价的主要差异。在东方，闪闪发光的珠宝更受青睐*，珠宝价格主要由宝石和贵金属的分解价值决定。相比之下，在西方，珠宝的价格往往取决于珠宝设计所附加的价

---

① 霍耶集团成立于1946年，总部位于德国汉堡，是一家世界知名的全球散体运输和物流服务供应商。——译者注

* 这可能与流行的品味有关，或者更有可能是因为在亚洲许多文化中，珠宝通常被作为个人财富存放在家中，而不是存放在从历史上看发展一直不怎么好的银行。

值，而这可能远远高于分解价值。在这个例子中，来自设计的无形价值放大了珠宝的原有价值，因为某些元素的组合在美学或工效上比其他元素更加令人满意。从设计中创造经济价值，苹果公司在此方面显然是首屈一指的，其创造的经济价值与其所花费的材料成本同样是不成比例的。

• 你能否重新设计你的产品，让它们更加巧妙并提升它们的工效性及艺术感，从而创造出溢价？这需要更多的思考而不是资金投入。

开发组合包和提升价值的框架："洗车"范式

一旦你开始寻找方法利用已经发挥作用的资源并提高其"炼金"潜力，运用一种框架来整理你的想法将会有所帮助。

这个范式就是"洗车"选项（见表 3.2）。艾伦·韦斯[①]（Alan Weiss）最初将它介绍给我时，只是将其作为设计咨询提案的工具。表格中展示了一组基本元素，你可以便捷地以能

[①] 美国著名的咨询师、演讲家、作家。其创办的顶峰咨询集团曾服务于默克制药、惠普、通用、美联储、《纽约时报》等 500 多家全球顶尖组织。韦斯的著作颇多，他活跃于各大媒介平台，获得美国出版协会终身成就奖，并入选专业演讲协会名人堂。——译者注

够提升价值的方式将这些元素组合在一起，这些元素最好是具备连贯性的。

表 3.2 "洗车"选项

元素	泡沫	冲洗	水枪	清洗底盘	干燥	打蜡	价值	价格
金	√	√	√	√	√	√	洁净如新	8英镑
银	√	√	√	√			深度清洁	6英镑
铜	√	√					基本清洁	4英镑

表 3.3 显示了嘉德诺在"洗车"范式下的选项排列。

表 3.3 嘉德诺的"洗车"选项

元素	工具(手术刀等)	材料(缝合线等)	外科手套	每个流程的包装	便利的订购和交付方式	是否回收？	价值
金	√	√	√	√	√	√	更高的投资回报率、更好的声誉
银	√	√	√	√	√		无缺货、无错误、更多的护理时间、更好的卫生
铜	√	√	√				高品质的手术器械

表3.4显示了曼恩卡车集团的例子。

表3.4　曼恩卡车集团的"洗车"选项

元素	基本产品——卡车	传统选项（车座等）	预测性维护	车辆调度	自主的车队？	价值
白金	√	√	√	√	√	简化的操作、专注于客户、营销
金	√	√	√	√		更顺畅的现金流、更低的资本要求、更高的资产回报率
银	√	√				驾驶员更放松、更好的健康和安全条件、更少的旷工现象
铜	√					为最终客户提供可靠的服务

"洗车"练习

以下是运用"洗车"范式将炼金术思维纳入你的业务的步骤。

1. 识别你的价值元素

这个话题宏大，我们将在下一章进行更详细的讨论。不过，想要开始的话，只需将你的产品分解成明显的板块，看看可以走多远（见表3.5）。只要提出一些真正有前景的想法就足够了，这往往是进行更深入扫描的一个良好开端，因为它可以帮助你的团队找到办法，同时又不至于因为细节问题而受阻。

2. 为制定选择方案确立一个模板

如果你是与团队合作，最好将表3.6所示的框架复制下来并保存好。

表3.5 识别你的价值元素

元素	1	2	3	4	5	6	对客户的价值	价格
金								
银								
铜								

表3.6 用于开发"洗车"选项的模板

元素	价值

3. 沿着框架顶部列出你企业的基本元素

请记得纳入可以增加价值但不收费的元素。

4. 尝试将价值元素组合成具有连贯性的组合包

5. 填补空白

你是否需要提供任何额外的东西才能使组合包具有连贯性？

到了这一步，你可能已经有所突破。但往往在你进一步完善组合包的时候，真正的炼金术才会形成。为此，请你问问自己以下问题：

1. 每个较高选项的价值相较其成本是否增长得更快？
2. 我们能在多大程度上超越最初的想法？
3. 每个选项中的元素是否相互支撑？
4. 我们是否提供了简单且明确的选择？

让我们更详细地看一下这些步骤。

如何优化组合包

确保组合包可以放大利润

我举办过多场关于组合包开发的专场活动,每次我都会观察到一条危险的路径。企业非常热衷于向客户提供越来越多的东西,但这最终会耗尽企业的资源。就炼金术而言,这只是把铅变成了更多的铅。

请记住图3.1,将基础价值与炼金术价值进行对比。

确保放大利润至关重要,即确保每个较高选项的价值增长速度快于成本增长速度。

> **专栏3.1**
>
> **放大利润**
>
> 如果你去参加一场摇滚音乐会,你大概会对舞台周围摆放的扬声器印象深刻,有些设备甚至高悬于舞台上方,令人瞠目。一个完善的公共广播(PA)系统接收现场音乐,并将它与一种不同的、容易获得的能量形式相结合,这种形式即电力。在不改变音乐基本特征的情况下,PA系统使得乐队的音

量更大,有助于乐队卖出更多的门票。有意思的是,从商业角度来看,这种额外能源每小时所耗费的成本远远低于摇滚明星演唱1小时的成本。PA系统不仅放大了乐队的音量,还放大了他们的利润。

通过重新组合可达到炼金的目的,其中的关键环节就是找到可以利用你的基本产品或服务的方法,并通过添加正确的推动力,不成比例地扩大利润。如果不存在价值放大,就不是真正的炼金术。

这对你开发组合包有何影响?回想一下六种组合方法。你可以运用几种方法?不要只是添加更多元素或功能。要确保客户可以获得与你的附加成本不相称的额外价值。

推动自己超越最初的想法:选项4、5和6怎么样?

你不必在市场上以选项菜单的形式展示你的产品,但无论你是否这么做,或者只是提供你想出的最佳创意,组合练习都可以推动创新。你每上升一个级别,就是在挑战你自己和你的团队,以进一步了解基本元素的潜力以及它们可能对你的客户产生的影响。你没有理由停留在选项3,而应挑战自己开发选项 4、5 和 6 的能力。推出升级换代的产品是一种强大的激励目标。

确保元素之间相互支撑

奥美集团的副主席罗里·萨瑟兰给我讲过一家豪华汽车制造商如何成功运用智能组合的故事。罗里是《炼金术：莫名的想法所隐藏的惊人力量》一书的作者，这本书对炼金术的隐喻义进行了另一种解读，内容引人入胜。事实上，豪华汽车可以提供多种选择。但从买家的角度来看，最理想的选择有时是最难证明的。例如，很少有买家真正需要增强型运动悬挂套件。他们可能是出于喜爱，但真要订购又觉得说不过去。而商家如果将该套件与后泊车传感器等"明智"选项组合在一起，就变得足够有吸引力，人们也有了购买的理由。

提供简单的选择

如果你决定提供选项菜单，则需要牢记最后一个考虑因素，行为经济学家将其称为产品的选择架构。如果你考虑一下自己作为顾客的经历，就再清楚不过了。

如今，我们的选择范围如此之广，以至于很容易迷失方向。正如巴里·施瓦茨（Barry Schwarz）在《选择的悖论》中经常提到的："更多即是更少"。这对企业来说是一个问题，原因有两个。首先，做出任何选择都可能是一次巨大的认知努力：面对多种令人困惑的选择，你是否发现敬而远之反而会让你更加轻松？其次，当你从不清楚的选项中做出选择时，你更有可能自我检讨并想象是否应该做出不同的选择。这远远不是让人满意的答案。

我在"奥美实践"[①]项目的朋友们将他们对行为经济学的深入了解与创造性直觉相结合，对《泰晤士报》潜在订阅者的选择方案进行了重新设计，内容如下。

在"之前"的选择架构下，潜在订阅者有六种套餐可以选择：

- 数字包：每周 4 英镑。
- 网络包：每周 2 英镑。
- 7 天包：每周 6 英镑。
- 工作日套餐：每周 4 英镑。
- 周末套餐：每周 4 英镑。

[①] 该项目于 2012 年诞生于伦敦，是一项行为科学实践：利用认知心理学、社会心理学和行为经济学的最新思想来影响人们在现实世界中的行为和购买决策。——译者注

• 周日套餐：每周 2 英镑。

这种架构名目繁多，人们不堪其扰。人们宁愿不做选择，而是去做其他事情。然而，当他们看到避繁就简的架构时，他们对做出选择就会感到更加自在。

"之后"的选择架构提供了三种套餐。所有套餐都允许潜在订阅者在台式电脑和智能手机上看《泰晤士报》和《星期日泰晤士报》。基于此，你有三个选择：

• 在台式电脑和智能手机上看。

• 看纸质版。

• 既在台式电脑和智能手机上看，也看纸质版。

当在网站上实施时，此配置非常有效，终极套餐（即第三个选择）的销售额超出预期 129%。因此，查看你的选项菜单并确保每个选项都相互独立。如果你想百分之百确定，那么观察真正试图做出选择的人群——他们是否清楚自己可选择的项目，或者他们是否太困惑以至于无法做出决定？

结论：请记住，价值存在于旁观者的眼中

尝试改变你的业务的一大好处是，它迫使你思考客户所感知到的价值。这也是让你的员工像客户一样思考的绝佳方式，

因为客户不会像你那样考虑你的产品。

在我的侄女五岁大时,我的兄弟告诉我,如果她可以选择,她宁愿拥有一个"还过得去"的娃娃,附带塑料梳子、镜子、鞋子和帽子,而不是一个更好的娃娃——更逼真、更昂贵,却没有配件。成年人可能会认为后者"更好",但前者的趣味性更强,虽然其制造成本更低。

这是有关价值炼金术的一个很好的例子,它强调了产品的价值存在于旁观者的眼中。

修炼商业炼金术的价值

将现有元素重新组合的炼金术具有以下益处:

• 增加差异性——通过为你擅长的方面找到富有想象力的新用途,你可以拥有难以复制的优势和独特性。

• 无须筹集大量新资金即可实现增长——因为你的目标是以新的方式重新使用现有投资。

• 降低寻找新客户的成本——因为对于你要完善的元素,你已经拥有了客户。

• 更快取得成果——因为更容易接触到客户,而且你的新产品是基于你的既有资源。

- 提高现有资源的回报——顾名思义。
- 创造更多的可重复的学习机会——整个过程的结果是在良性循环中创建新资源。

读到这里，我们看到了如何通过重新组合既有资源来产生更多的价值，从而实现商业领域的炼金术。现在让我们进一步搜寻这些资源。

第 4 章
原则二：资源过滤

低风险创新

正如我们在第 2 章中看到的，惯性思维会导致我们错过非常宝贵的资源。这些资源就好像隐藏了起来一样。我们可以看到它们，但通常局限于无意识层面。尽管如此，我们仍有很多方法来看待一家企业并帮助它找出可以转化为创新、独特性和生产力的大量资源。

性质 vs. 目的

科学归纳法的创始人弗朗西斯·培根（Francis Bacon）指出，你可以从性质或目的的角度来思考技术。[*] 我们经常基于某些固定的目的来思考各种资源。烘焙小苏打就是一个很常见的例子。"烘焙小苏打的用途是什么？"这是一个奇怪的问题。很明显，它是用于烘焙的。但是，如果我问你这些问题呢：

---

[*] 詹姆斯·威尔克（James Wilk）博士让我注意到培根对"我们的想法产生结果的领域"和"我们的想法带来光明的领域"的区分。考虑到我们对一项技术感兴趣的原因与思考该技术本身如何运作，能够在这两者间来回切换是非常有价值的。

"碳酸氢钠（小苏打的学名）的用途是什么？"

"鉴于碳酸氢钠的性质，你还能用它做什么？"

事实上，碳酸氢钠除了用于烘焙外，还可以用于各种其他事情。详见专栏 4.1。

专栏 4.1

艾禾美和碳酸氢钠的多种应用

想想艾禾美生产的许多基于碳酸氢钠的产品。对于科学家来说，碳酸氢钠是具有某种性质的物质。根据我的朋友卡尔·佩斯特尔教授的说法，它是碳酸的两性单钠盐，在室温下形成了白色单斜晶体。然而，对于艾禾美产品的购买者来说，碳酸氢钠是各种小苏打、冰箱除臭剂，甚至是治疗消化不良的家用药。

它是烘焙小苏打，因为在烘烤过程中它会起泡，从而使面团膨胀；它是冰箱除臭剂，因为它会和一些有气味的物质发生反应，从而起到除味的作用；它还是一种家用药，因为它可以中和导致胃痛的胃酸。由于其性质，它具有所有这些用途。但是考虑其中任何一个目的都可能妨碍你看到它的其他用途。谁会想到冰箱除臭剂还能用来治疗消化不良呢？

烘焙小苏打是产品，但碳酸氢钠却是隐藏在产品背后的可再利用资源。

在本章，我们将了解亚马逊云科技、路特斯和乐高等公司如何利用隐藏的资源来创造它们在早期业务规划中没有预料到的增长。我们将使用一个名为"隐藏资源清单"的工具来扫描隐藏的资源，并阐明你可能已经拥有但被忽略的增长平台。

根本问题在于，"在一家企业所做的所有事情中，哪些可以作为打造更独特、更有利可图、更受欢迎、更高效的产品的基础？"有影响力的管理学专家阿德里安·斯莱沃茨基（Adrian Slywotsky）[1] 建议将传统会计资产与他所谓的"创业资产"区分开来。他的问题是："除了金钱，还有什么是企业家想拥有的？"其中有一些资源是显而易见的，但其他资源是在追求主要业务目标时产生的。

例如，如果你想测试新的价值主张，与首席执行官接触是十分重要的。在初创阶段，企业家可能会受到高度限制，因为他们无法接触到一些东西。他们面临的风险是，无论其技术多

---

[1] 美世咨询公司前副总裁，美国知名咨询顾问，畅销书作者。2006年被美国《工业周刊》评为"管理界最有影响力"的六位人物之一。斯莱沃茨基的著作颇多，包括《利润模式》等多部畅销书。他经常为《华尔街日报》和《哈佛商业评论》撰文，也是达沃斯世界经济论坛的知名演讲嘉宾。——译者注

第 4 章 原则二：资源过滤

么出色，他们最终构建的都是卓越却无关紧要的东西。相反，如果你经营的是一家成熟的公司，你可能会接触到受到严密保护的首席执行官、对消费者行为的洞察（因为你已经进入市场）或背景知识产权[①]等，你必须充分利用这些才能将此前的产品或服务组合起来，而它们又可以供你重复使用，以更快地推出新产品或新服务。

其他被忽视的潜在资源包括：有关客户行为的数据、你在解决自己的问题时获得的并且现在可以出售给他人的经验或教训。

珍视你最有价值的资源

珍视自己的资源的前提是，首先要弄明白是什么让资源变得有价值。花一点时间考虑这个问题是值得的，这样当你应用本章后面将要介绍的工具时，你就能更好地理解你在寻找什么。

[①] 背景知识产权（background IP）是开展技术合作之前由合作一方产生或持有的，或者合作一方在技术开发合同有效期内产生或持有但是超出合同范围或与合同无关的知识产权。其区别于在技术合作期间所产生的前景知识产权（foreground IP）。——译者注

低风险创新

宝贵资源带来独特的竞争优势

当然,商学院已经研究了让商业资源值得拥有的原因。事实上,这个问题是所谓的"企业资源本位观"的基石。杰恩·巴尼(Jay Barney)[①]的 VRIO 分析框架[②]对于任何获得 MBA 学位的人来说都不陌生。巴尼提出了一个问题:"一项资源必须具备哪些要素才能成为可持续竞争优势的来源?"他的回答是,资源必须是有价值的、稀缺的、难以模仿的,并且企业必须被充分组织起来以捕获其潜在价值。

巴尼清楚地表明,一项资源只有价值是不够的。这充其量只会让你与可以获得该资源的其他人处于同等的竞争地位。资源只有稀缺性也不够。至关重要的是,除非它同时很难被模仿,否则你最多只是获得暂时的优势,而竞争对手则能够自己

---

① 杰恩·巴尼是美国管理学会院士,美国俄亥俄州立大学管理与人力资源系首席教授。他还是国际战略管理专家之一,企业资源本位观理论的主要奠基人。——译者注

② 在 1991 年的《企业资源和可持续竞争优势》中,巴尼认为战略性资源是在企业面临竞争时可提供最持久利益的资源,并为此提出 VRIO 分析框架,即价值问题(V)、稀缺性问题(R)、可模仿性问题(I)和组织问题(O)。该框架的核心思想是:企业的可持续竞争优势不能借助简单的环境机会和威胁,然后仅在高机会、低威胁的环境中通过经营业务来创造。可持续竞争优势还依赖于独特的资源和能力,企业可把这些资源和能力用于竞争。——译者注

想办法获取或建立这些资源。归根结底，如果你的资源是有价值的、稀缺的、难以模仿的，那么你就有机会，只要你能把公司组织起来去利用这些资源。如图 4.1 所示，你可以将 VRIO 标准视为一组过滤器。只有最重要的一两项资源才能留下来。

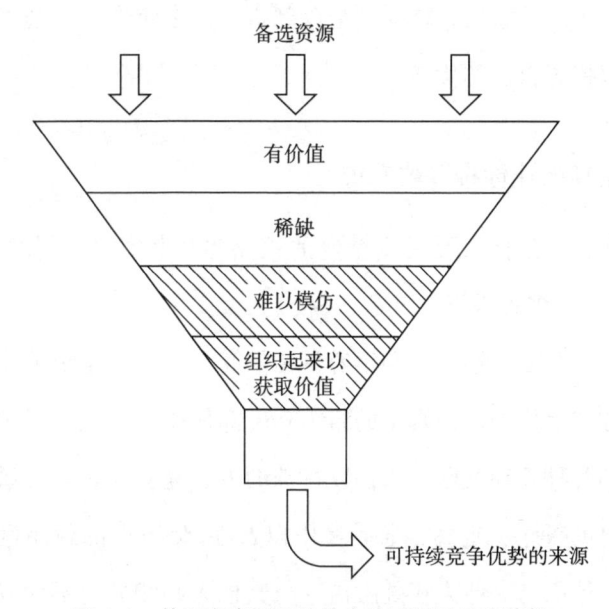

图 4.1　从既有资源开始的方法可以引导你获得无法被模仿的优势

资料来源：Barney J，1991. Starting with what works can lead you to your own inimitable advantages.

低风险创新

很多管理者都想对他们的策略保密,但让你的策略难以复制却是更有效的制胜法宝。终极策略应该是极其难以复制的,即使你将其全部告诉别人,他们也无法复制。想想在一个又一个案例研究中出现的公司:苹果、西南航空、宜家、ZARA 以及奈飞等。尽管其策略受到全盘剖析,但多年来这些公司一直设法保持了自己的优势。

是什么让你难以被模仿?

那么,是什么因素让企业的策略难以模仿呢?战略理论家*指出了多种因素。

• 社会复杂性。人们很容易相信商业是按照组织结构图所说的方式运作的。但真正的组织其内部往往存在无法通过图表揭示的各种互动关联。人们以特殊的方式建立非正式关系:通过在自助餐厅、走廊、通勤途中以及在 Zoom① 的封闭世界中对话。他们与一些人相处融洽,与其他人则相处得不太好。这

---

* 例如,杰恩・巴尼(著有《获得与保持竞争优势》一书)和迈克尔・波特[有关波特著作的清晰且权威的介绍,参见琼・马格丽塔(Joan Magretta)所著《读懂迈克尔・波特》]。

① Zoom 是一款多人手机云视频会议软件,能够为用户提供兼具高清视频会议与移动网络会议功能的免费云视频通话服务。Zoom 已在纳斯达克公开上市,总部位于美国加利福尼亚州圣何塞。——译者注

第4章 原则二：资源过滤

些关系网可以为组织带来很多东西——你了解谁知道什么，如何通过与列表中的某人交谈来完成工作，或者你了解到经验丰富的工程师知道如何针对原有产品提供服务。在成功的公司中，这些关系是信任、协调和传播有用知识的基础。

• 因果模糊性。并非组织中的所有重要事情都可以记录在册。你也无法对每一项重要的技能都进行编码。史蒂夫·乔布斯曾批评微软"没有品味"。显然，品味是苹果公司发展过程中的一个重要因素。但你能轻而易举地弄清楚它是如何发挥作用的并模仿它吗？

• 背景。背景真的很重要。在前文我讨论过从一家著名公司引进的基石型明星雇员无法适应新角色的问题。这个人可能很有天赋，但如果认为他之前的成功完全是自己的天赋所致，可能就大错特错了。更多的情况是，他的才能，加上"老东家"的背景，比如，一款伟大的产品、强大的管理支持、一个伟大的团队，这些共同促成了他的成功。

• 历史。独特性源于多年来积累的独特的做事经验。丰田生产系统是通过多年的数百万次改进建立起来的，并以特定文化为基础。丰田也因此成为被研究最多的公司之一。然而，尽管有大量的资料可以参考，想要像仿真器那样去复制它的结果却并不那么容易。

• 权衡取舍。即使竞争对手可以弄清楚该怎么做,这样做的成本也可能很高,以至于它们在尝试时会赔钱。当提供全方位服务的某航空公司试图在商业竞争中击败西南航空时,创建自己的低成本解决方案通常会遇到麻烦,因为如果要复制新战略,就一定会违背现有的承诺。

练习——找到有价值的资源

第一部分:你最钦佩的竞争对手

让你的团队一起深入思考谁是最值得你们钦佩的竞争对手。确保留出一些不间断的时间。首先解释VRIO标准,并要求你的团队从一系列知名公司中寻找典范。一旦所有人达成了一致的观点,就将讨论的焦点转向该竞争对手。

• 竞争对手最有价值的竞争资源是什么?不要只满足于那些最先想到的明显答案,用好VRIO标准来测试每种可能性。

• 是什么让你的竞争对手难以复制?是社会复杂性、因果模糊性,还是独特的背景或历史?

- 如果要对它们进行逆向工程式的分析和借鉴，你需要做出哪些调整？
- 竞争对手如何组织起来以充分利用其 VRIO 资源？

第二部分：从"红队"的角度反观你的业务

红队是你组建的一个小组，通过扮演竞争对手的角色来帮助你提高。"红队"这个词起源于军事演习，它可以帮助纠正有偏见的思维，揭露漏洞并扩大战略对话。组建红队，从你的竞争对手的角度回答上述关于你的业务资源的问题。你该怎么做？你如何加强自己的优势并使其更难被复制？

从既有资源着手，让你变得不可复制

复制其他企业的模式并从外部寻求解决方案的企业本身不太可能开发出独特且难以复制的资源。但是，从既有资源着手，为自己的成功建模，寻找潜在资源并以新的方式对其进行组合，你自然会变得更加与众不同。

寻找资源的三个层次

"你有什么资源?"这个问题通常太抽象以至于没有用处。你可以把问题收集起来并用活动挂图板呈现,然后以头脑风暴的方式来寻找答案。但根据我的经验,人们很快就会失去热情。他们只是提出了一些没有人会感兴趣的显而易见的想法。我发现人们需要背景、提示和启发。

特别是,这有助于我们从粒度[①]级别的角度进行思考。正如我们在第 2 章所阐述的,人们发现难以找到可重复利用、可转变用途的资源的一个关键原因,是他们从过于宏观的角度看待这些资源。他们需要从更微观的角度入手。这就像大块的乐高得宝系列[②]积木、普通乐高积木以及青少年和成年人喜欢的高级乐高技术系列之间的区别。

虽然大块的乐高得宝系列积木提供的可能性有限,但它是一个很好的起点。如果它能够发挥应有的作用,那为什么要让

[①] 粒度(granularity)是指颗粒的大小。通常,球体颗粒的粒度用直径表示,立方体颗粒的粒度用边长表示。对于不规则的颗粒,可将与该颗粒有相同行为的某一球体的直径作为该颗粒的等效直径。——译者注

[②] 乐高得宝系列是乐高积木的大粒度款式,是主要针对处于较小年龄段的孩子开发的新品种玩具。——译者注

它变得更复杂呢？普通乐高积木提供了更多的可能性，高级乐高技术系列则提供了令人难以置信的灵活性从而构建完全原创的设计。

第一层：通用资源。第一层资源是通用的业务资源，如资金、设备和人员。当然，你可以问自己这样一个问题："我们如何利用这些资源来做更多的事情？"但如果没有更多的推动力，你很难想出巧妙的答案。并且你提出的任何想法都有可能很难实现，面临的障碍都很大，处理它们很可能耗费巨大。风险投资人拥有雄厚的财力，除了提出抽象的问题，如"我们能用这些钱做什么？"，他们必须更加细化。他们可能会偶尔走运从而赢得较高的回报，但通过寻找对如何部署资金有成熟想法的创业型企业家作为投资标的，他们往往可以走得更远。

第二层：隐藏资源。识别这种资源的指导性问题是"企业家会对我们的哪些资源感兴趣"。这样的观点更有可能触及你的独特性。这个方面也值得我们仔细调查。为了帮助你找到隐藏资源，我们将研究一些案例和启发。

第三层：隐性资源。第三层资源可能是最令人兴奋的。这些资源存在于后台，我们无法直接找到它们，但通过推断能确定其藏身之所。这些资源可能是最有趣的，它们的影响也是最具颠覆性的。而且，它们往往也是最独特和无法模仿的，因为它们是随着时间的推移形成的独特行为，并由企业与外界交互的独特历史所塑造。

在本章接下来的部分，我们将研究通用资源，特别是隐藏资源，对于隐性资源，我们将在第5章进行探讨。

第一层：通用资源

表4.1显示了任何企业都会拥有的一些通用资源，同时表明企业的通用资源也可能符合VRIO标准。

你可以论证这些示例中的资源是否真的符合VRIO标准。毫无疑问，我们很难找到许多仅基于通用资源进行竞争的企业实例。

此外，如果你正在寻找促进增长的创新平台，大块的乐高得宝系列积木的粒度可能太大。当你想到通用资源的低分辨率特征时，你会倾向于扩大厂房、购买更多机器、雇用更多员工等策略选择。换句话说，这些都是缺乏独创性且成本高昂的举措。我们需要聚焦于未来。

第 4 章 原则二：资源过滤

表 4.1 通用资源

资源类别	资源明细	VRIO 案例
传统有形资源	资本	摩根大通
	设备	壳牌
	员工	IDEO①
传统无形资源	知识产权	ARM②
	内容	奈飞
	解决方案及能力	Arup③
	品牌	可口可乐

第二层：隐藏资源

除了像我们刚刚讨论的那样获取传统资源外，任何成熟的

---

① IDEO 是全球顶尖的设计咨询公司，以产品发展及创新见长，从只有 20 名设计师的小公司做起，一路成长到拥有 300 多名员工的超人气企业。在三位创始人中，戴维·凯利是斯坦福大学教授，一手创立了斯坦福大学的设计学院，他同时也是美国工程院院士。比尔·莫格里吉是世界上第一台笔记本电脑 Grid Compass 的设计师，也是率先将交互设计发展为独立学科的人之一。——译者注

② ARM 是全球领先的半导体知识产权提供商，并因此在数字电子产品的开发中处于核心地位。总部位于英国剑桥，拥有 1 700 多名员工，在全球设立了多个办事处，其中包括比利时、法国、印度、瑞典和美国的设计中心。——译者注

③ Arup 1946 年 4 月 1 日在英国伦敦成立，是全球最大、最成功的工程顾问公司之一。作为国际性的多元化工程顾问公司，Arup 提供总体规划、经济评估、可行性研究、具体设计、项目管理、施工监理等服务，涉及建筑、结构、岩土、土木、声学、环境、机电、防火、交通、幕墙等多个工程专业。在欧洲、非洲、中东、东南亚、大洋洲及北美洲的 40 多个国家设有 92 家分公司及办事处，拥有 12 000 多名员工。——译者注

企业都会在不知不觉中开发出"隐藏的资产"。通过从这些资产入手并将它们与客户的新兴需求联系起来,通常可以让你更快、更轻松地实现增长。

务必请记住,这里的指导性问题是:"为了给客户创造新价值,公司拥有的哪些超出传统金融性资产的资产是企业家希望拥有的?"

在《龙穴》① 和《创智赢家》② 两档真人秀节目中,最优秀的创业者通常会得到多张赞成票。最终决定创业者的选择的并不总是金钱。最明智的人会选择那些能够为团队带来企业家精神和纯粹财务资源的投资人。

至于成熟的组织,随着时间的推移,几乎所有的组织都会积累创业资源。一些企业能识别并充分利用它们。例如,在第3章我们已经分析过,嘉德诺如何利用其与医院的联系来接触外科团队。无论资金多么充足,这种接触路径都不是你通过砸

---

① 《龙穴》(*Dragons' Den*)是一档商业投资真人秀节目。该节目最初起源于日本,节目版权属于索尼公司。后来,该节目在英国、澳大利亚、新西兰、以色列、荷兰以及加拿大进行本土化制作。——译者注

② 《创智赢家》(*Shark Tank*)是美国 ABC 电视台的一档发明真人秀节目。该节目为发明创业者提供了一个展示发明和获取嘉宾的投资赞助的平台,主要内容是一群怀揣梦想的青年带着他们的产品来到节目,通过说服 5 位强势的、腰缠万贯的投资人给他们启动资金,让自己的梦想成真。——译者注

钱能轻易获得的。还有很多其他这样的例子：假设你想创建一款新的金融科技应用程序，你是否想像 GoCompare 一样可以接触到金融科技服务企业的高层决策者？更不用说想拥有它关于人们如何在线购买金融科技服务的数据了！

隐藏资源的类型

让我们更详细地了解你的公司可能拥有的隐藏资源的类型*，然后我会提供给你一个工具来帮你找到它们。不要担心其中的一些类型存在重叠，那些最好的资源往往倾向于同时归属多个类别。而那些最独特且最强大的资源可能无法归为任何一类。

关系资源

虽然关系肯定会备受关注，但它仍然是许多企业中最未被充分利用的资源。人们以一种非常线性的方式思考关系的价值：他们只看到从关系到销售这一条直线。但实际上你的关系

---

* 这个分类是我对斯莱沃茨基等人研究的修改和延伸。参见阿德里安·斯莱沃茨基、理查德·怀斯（Richard Wise）和卡尔·韦伯（Karl Weber）合著的《当市场不增长时如何增长》一书。

还能为你提供促进进一步成长的各种可能性,例如:

• 客户互动。国际汽车零部件集团①与汽车制造商的密切互动使自身能够提出创新性的替代内饰面板,从而提高福特车型对其客户、终端消费者的价值。

思考:在互动过程中,我们是否充分地利用了向客户学习和教导客户的机会?

• 影响力。像乐购②和谷歌这样不同的企业可以利用它们的影响力帮助客户大规模推出新产品。

思考:我们与客户和其他联络人之间的关系是否代表了我们可以利用的独特资产?

• 校友类网络。麦肯锡运维了离职顾问的关系网络,其中许多人成为高级管理人员,然后又成了麦肯锡的客户。③

---

① 国际汽车零部件集团(IAC集团),2005年10月成立,从2006年第一季度的3 000人、6亿美元销售额,迅速发展到2007年第四季度的2.8万多人、56亿美元销售额,创造了惊人的增长速度。——译者注

② 乐购成立于1919年,最初的形式是在市场里设立的一个小货摊。目前,乐购已成为英国领先的零售商,并跻身于全球三大零售企业行列,在全球13个国家开展业务,员工总数超过500 000人,每周为5 000万余名顾客提供服务。乐购的业务不仅包括零售,还涉及金融、加油站、电信和医药等领域。此外,乐购还积极拓展网上零售业务。——译者注

③ 曾经的员工成为未来的客户,并支持原雇主的业务。这类似于校友会所发挥的作用。——译者注

第 4 章 原则二：资源过滤

思考：我们能否做更多的事情来利用我们与离职员工的关系的价值？

• 洞察客户问题。在上一章，我们分析了嘉德诺如何利用其对外科团队的见解来生产用于特定手术的套件。另一个例子是，西门子对其运行中的产品进行密集的数据监控，以提供预防性维护服务。它们获得的见解对实现进一步的创新非常宝贵。

思考：对于客户的业务，我们可以看到哪些他们可能看不到的见解？

战略位置资源

在一个行业中的位置可以提供一个很好的成长平台。凭借你所处的位置，你可能会获得更多的信息资源、谈判筹码和学习机会，同时还可以实现多个方向的纵横整合。例如：

• 市场位置。多少有些争议的是，会计师事务所实际上已经建立了庞大的咨询业务。

思考：客户在与我们互动之前、期间或之后会出现什么需求？我们能否很好地满足这些需求？

• 接入点。基于作为保险和相关产品的接入点的作用，价格比较网站 GoCompare 得以和金融服务商开展广泛的合作。

思考：我们是否能够就我们自己无法满足的需求向客户提供建议？我们能否直接提供帮助，还是作为中介提供帮助？

网络资源

这类资源显然与关系资源存在重叠。它之所以被单独列出，是因为其价值并不局限于关系，而在于网络的乘数效应。

• 基础客户。惠普打印机的价格非常合理，这当然为销售打印机墨盒创造了巨大的基础客户。而这种模式通过 HP Instant Ink（提供墨盒更换服务）被进一步拓展，公司向客户邮寄新墨盒，客户则每月定期付款。

思考：我们是否拥有需要我们持续帮助和提供服务的客户群？我们能否创建类似于"洗车"范式的持续性支持服务？

• 第三方关系。演唱会巡演是组织起来很复杂的业务。旅游管理公司消除了这种复杂性，因而艺术家可以专注于表演。旅游管理公司的一项重要资产是其拥有的行业参与者网络，包括场馆、技术人员、专业服务公司、出行及住宿服务供应商、交通运输公司等。

思考：我们是否了解一个行业生态系统中的足够多的成

员，以便为客户集成各路资源？

• 客户社区。乐高与其充满活力的成人客户社区建立了联系，从中获取反馈，甚至招募获奖设计师。

思考：我们的客户彼此认识吗？我们能否积极地支持客户社区的发展？

• 吸引合适人才的能力。谷歌能轻易招到最好的程序员。而发展势头迅猛的英国服装公司 Gymshark 则是我见过的许多年轻人向往的地方。这两家公司都拥有独特的企业文化，能够精准吸引它们需要的人才。

思考：我们对自己所需的人才类型特别有吸引力吗？是他们想要加入的组织吗？

技术诀窍资源

• 系统和软件。Basecamp① 最初开发了非常成功的项目管理软件（供自己使用），后来公司意识到这是可以销售的成功

---

① 知名项目管理软件公司，其产品主要基于云服务，涉及消息板、待办事宜、简单调度、共同写作以及文件共享等，以产品简单易用和颠覆性创新而出名，前身为 37signals。37signals 成立于 2000 年，主要为客户重构网站。2014 年 2 月，37signals 决定把未来的发展方向聚焦于项目管理软件 basecamp，并把公司正式更名为 Basecamp。——译者注

产品。

思考：我们是否开发了可重新包装并用于销售的优秀内部解决方案（核心或非核心均可）？

• 技术诀窍。路特斯通过长期参与赛车活动和高性能汽车制造，形成了汽车悬架设计方面的专长。它现在为其他汽车制造商提供悬架设计咨询。奔驰通过将其工程技术专长用于制造呼吸机来应对新冠疫情危机。

思考：我们在哪些方面形成了可服务于其他用途或新客户的专长？

数据和信息资源

• 市场窗口。ENSEK是英国能源行业一家快速发展的软件供应商，它拥有一个通往市场的窗口，可用于塑造新产品以满足客户的新需求。

思考：我们在业务开展过程中获得了哪些见解（这些见解经过打包提供给他人后可以让我们收获价值）？

• 副产品信息。这方面的经典例子是脸书和谷歌，它们通过收集数据促进社交网络和搜索的发展，彻底颠覆了广告行业。但这只是最明显的两个例子。许多公司在日常业务中收集了海量数据——这一趋势只会随着 5G 网络的不断铺设而加强。对于那些能够组织和提取这些数据的企业来说,隐藏在数据中的信息代表了一种具有巨大潜力的资源。

思考:通过分析我们与客户的互动数据,我们可以学到什么,从而为他们提供增值服务?

可重复使用的资源

• 再制造。汽车变速箱的外壳比齿轮的使用寿命更长。在一个"循环经济"思维的经典例子中,雷诺在翻新的汽车变速箱的旧外壳上增加了新的齿轮,并以折扣价销售这种高利润产品。

思考:在客户使用完我们的产品后,我们的产品是否还具有可利用的价值?

隐藏资源的投资回报率

从既有的隐藏资源开始,而不是通过扩大工厂、购买更多机器、雇用更多员工等方式推动增长,可以实现:

• 降低开发成本。

- 加快上市和促进业务增长。
- 以更低的成本获取客户。

从而实现：

- 提高原始资产的投资回报率。
- 更快从新业务中获得更高的回报。

它还可以增强你未来的独特资源基础。找到并利用你在业务中开发的隐藏资源可以很好地防止竞争对手对你进行逆向工程分析，因为这创造了我们之前讨论的因果模糊性。如果竞争对手无法弄清楚这种优势资源是如何形成的，你的企业便不可复制。

隐藏资源清单

考虑清单中的每一个类型（见表4.2），并问自己一些提示性问题。虽然某些类型和实例似乎与你习惯性地思考业务的方式非常不同，但以新的方式看待你的资源是重点。因此，记住如下问题是个好主意，即"我能绝对肯定这不适用于我的企业吗？"

表 4.2　隐藏资源清单示例

资源类型	资源分类	实例	要考虑的问题	你所在企业的实例
关系资源	客户互动	国际汽车零部件集团	在互动过程中，我们是否充分地利用了向客户学习和教导客户的机会？	
	影响力	乐购	我们与客户和其他联络人之间的关系是否代表了我们可以利用的独特资产？	
	校友类网络	麦肯锡	我们能否做更多的事情来利用我们与离职员工的关系的价值？	
	洞察客户问题	嘉德诺	对于客户的业务，我们可以看到哪些他们可能看不到的见解？	
战略位置资源	市场位置	四大会计师事务所	客户在与我们互动之前、期间或之后会出现什么需求？我们能否很好地满足这些需求？	
	接入点	价格比较网站 GoCompare	我们是否能够就我们自己无法满足的需求向客户提供建议？我们能否直接提供帮助，还是作为中介提供帮助？	
网络资源	基础客户	惠普	我们是否拥有需要我们持续帮助和提供服务的客户群？我们能否创建类似于"洗车"范式的持续性支持服务？	
	第三方关系	旅游管理公司	我们是否了解一个行业生态系统中的足够多的成员，以便为客户集成各路资源？	

续表

资源类型	资源分类	实例	要考虑的问题	你所在企业的实例
网络资源	客户社区	乐高	我们的客户彼此认识吗?我们能否积极地支持客户社区的发展?	
	吸引合适人才的能力	英国服装公司 Gymshark	我们对自己所需的人才类型特别有吸引力吗?是他们想要加入的组织吗?	
技术诀窍资源	系统和软件	项目管理公司 Basecamp	我们是否开发了可重新包装并用于销售的优秀内部解决方案(核心或非核心均可)?	
	技术诀窍	路特斯	我们在哪些方面形成了可服务于其他用途或新客户的专长?	
数据和信息资源	市场窗口	ENSEK	我们在业务开展过程中获得了哪些见解(这些见解经过打包提供给他人后可以让我们收获价值)?	
	副产品信息	苹果手机的睡眠 App	通过分析我们与客户的互动数据,我们可以学到什么,从而为他们提供增值服务?	
可重复使用的资源	再制造	雷诺	在客户使用完我们的产品后,我们的产品是否还具有可利用的价值?	

第4章 原则二：资源过滤

练习——隐藏的核心资源

请你分析一下通过表4.2识别出来的各种资源，看看它们对你而言是否有了新的功能？

	资源	VRIO 分值	可能的新功能	对客户的价值
1				
2				
3				

注：VRIO 评分标准为 V＝1，VR＝2，VRI＝3，VRIO＝4。

下一步在哪里？

当你尝试更深入地评价自己的既有资源时，你正在寻找以新的方式重新组合元素以创造更大的价值。虽然你可以在资产负债表上找到通用资源，而且隐藏资源也往往藏在显而易见的地方，但还有第三个层次——我称之为"隐性资源"。在寻找隐性资源时，我们会查看已经起作用的资源并询问："为了让它发挥作用，必须具备什么条件？我们还能用它做什么？"这就是你真正独特的资产可能潜藏的地方，也是下一章的主题。让我们继续阅读吧！

第5章
原则三：深挖隐性

发现就是看到别人已经看到的东西，并思考别人没有想到的东西。

——圣捷尔吉·阿尔伯特[1]

---

[1] 圣捷尔吉·阿尔伯特（Szent-Györgyi Albert，1893—1986）是匈牙利生理学家，因"与生物燃烧过程有关的发现，特别是关于维生素 C 和延胡索酸的催化作用"而获得了 1937 年的诺贝尔生理学或医学奖。——译者注

通过第 4 章，我们开始认识到任何一家企业在不知不觉中都获得了丰富的资源。我们为此给出了示例和提示，特别是将有关资源的传统资产负债表观点与企业家观点进行了对比。以这种方式开始可以让我们建立信心并激发我们的灵感。

在本章，我们将更深入地研究一家企业所独有的"资源金库"，我称之为隐性资源。隐性资源指的是，要让你做的事情发挥作用而在逻辑上必须存在的东西。我发现人们经常忽略或低估这些资源，打造你的隐性资源将带来以下增长可能性：

- 更具原创性。
- 难以复制。
- 实施起来可能更容易且成本更低（因为你已经在做一些需要做的事情）。

GoCo 的粒度优势

GoCo 拥有英国领先的金融产品价格比较网站之一 GoCompare。该业务的前身是搭建于 2006 年的一家保险比较网

第 5 章 原则三：深挖隐性

站，之后通过添加能源、贷款和宽带等相近业务门类实现了业务的拓展。

但公司并没有停下自己的脚步，部分原因是它不得不这样做。它的竞争对手已经做出了类似的部署，这让客户很难区分。正如其首席执行官马修·克罗马克（Matthew Crummack）向我解释的那样："比较网站市场已经发展到了这样的地步，大家都认为成功只在于人们会记住谁的电视广告：是我们的歌剧演唱家还是竞争对手的另类乐队——超多毛动物[1]。"

在马修及其团队看来，这种观点具有非常大的局限性。毕竟，客户在不透明的金融服务市场中遇到的难题令人困惑且处理成本高昂。潜在的解决方案应该更为成熟并可以为客户带来很多额外价值。

其中一种解决方案就是自动切换功能。GoCo 通过开发快速翻转[2]程序，之后又收购能源对账单程序，从而添加了自动

---

[1] 英文为 Super Furry Animals，1993 年成立于威尔士，是比较另类的乐队。他们的音乐融合了众多不同的音乐类型，包括重摇滚、朋克、电子和前卫摇滚等。——译者注

[2] 系 GoCo 开发的节能软件，致力于为客户寻找更为廉价的能源消费项目。该公司认为超过一半的英国人因没有时间寻找价格更为公道的汽油、电力等能源消费途径，人均每年要多支付约 350 英镑。2018 年快速翻转（WeFlip）与能源对账单（Look After My Bills）实现重组合并，共同致力于为客户提供更廉价的能源消费途径。——译者注

切换功能。从那时起，通过我们将在本章重点介绍的方法，GoCo不断发展壮大。

GoCo的团队通过对所拥有的资源进行分类，发现有机会将它们重组到被称为"锦囊"（SaveStack）的架构中。锦囊由一组元素组成，每个元素都提供一项"微服务"，即每个元素通过单独发挥作用来帮助客户管理家庭财务。因此，锦囊提供支付、切换供应商、购物等各类微服务。各元素进行交互，为客户提供各种量身定制的解决方案。

令人着迷的是，锦囊很快就超越了作为一种精巧软件工程方法的范畴。为什么呢？因为团队越是遵循锦囊的方法，锦囊给他们带来的创新可能性就越大。

例如，公司意识到可以利用在内部使用的相同微服务，将它们适当打包，然后提供给外部合作伙伴。因此，维珍银行（Virgin Bank）就使用了锦囊功能，使其客户可以切换能源供应商。从客户的角度来看，这是他们的维珍银行账户内无缝体验的一部分。

锦囊是一个低粒度技术的例子，它更多地从既有资源开始。下面让我们更仔细地研究这种方法。

第 5 章 原则三：深挖隐性

第三层：隐性资源

我们在上一章使用的自查工具是基于类比：我给了你一些例子，并建议你看看你能否找到类似的东西。这可能非常有效，但它确实倾向于将人们锁定在思维的固化类别中。人们很难摆脱这些类别对思维的限制。尤其是如果你从大粒度的角度考虑，重新配置事物的可能性是有限的。

所以，在本章，我们会进一步降低粒度。这样做的目的是直接观察业务的具体情况，并对你的结果导向机制进行逆向工程，而不是将它们与其他示例进行比较。这就是你最有可能找到独特且难以复制的想法的地方。

程序员如何不断地重复使用既有的东西

计算机编程为重复使用提供了一些最有力的见解。这些见解不仅适用于编写应用程序，还有着更为广泛的应用范围。第一次接触这些见解时，我还是一名计算机科学专业的本科生。我们在这里没有必要了解计算机的所有内部工作原理，我想分享的原理是非常直观的。

新程序员学到的最重要一课是，如果你组织得当，你可以重复使用相同的计算机代码来帮你做很多不同但相关的工作。这里有几个例子：

• 如果你编写了几行代码来绘制一个五列十行的表格，那么你可以轻松地编写一个更通用的版本，该版本将可以绘制你所要求的任意数量的列和行。

• 稍微复杂一点，如果你想出了把名称列按字母顺序排序的方法，你可以使用相同的基本过程（"算法"）将日期列按数字顺序排序。即使数据和上下文发生变化，套用的模式也是相同的。

创建一个通用的"制表器"或"分类器"有很多优点。最明显的一点是，一旦你做到这些，你就可以在新的情况下重复使用它，这会为你节省很多时间。

在学习编程的早期阶段，你所学的很多内容是发现以这种方式重复使用代码的机会。你首先对代码进行抽象概括，以涵盖不同但明显相关的问题。真正的艺术是在看起来不一定相关的工作之间调用代码。

你不需要通过了解编码的细节来掌握这一思想。例如，第一步，假设你在屏幕中心绘制一个周长为 5 厘米的圆来启动编码。

第 5 章　原则三：深挖隐性

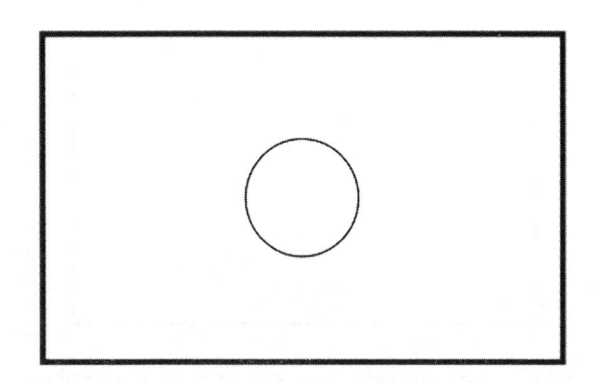

第二步，学习对代码进行抽象概括，以便借助代码可以在屏幕中心绘制一个任意大小的圆。

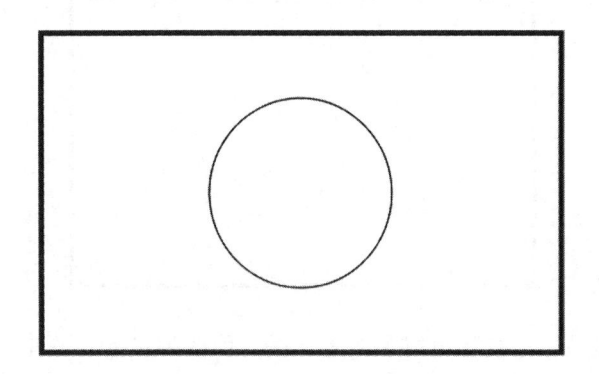

第三步，你可以对代码做进一步的概括，在屏幕上的任何位置绘制一个任意大小的圆。

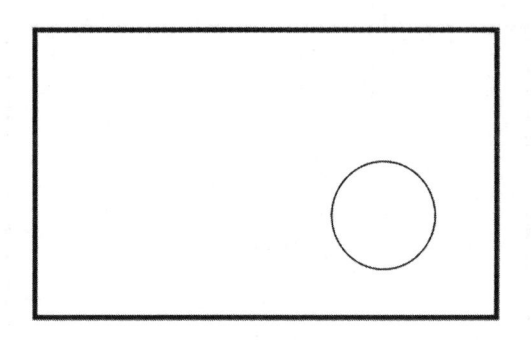

第四步，你可以以两个点为中心重复该模式两次，以绘制维恩图①。

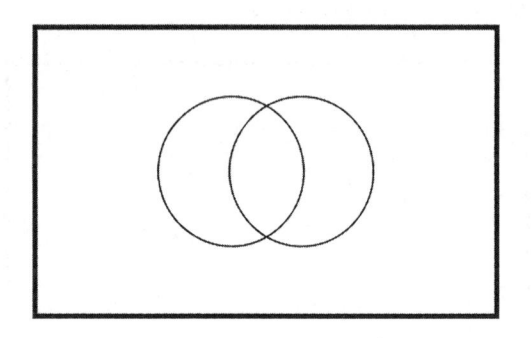

最后，你甚至可以多重复几次，用两种尺寸，画出奥运五环等类似图形。

---

① 维恩图（Venn diagram）可用于展示不同的事物群组（集合）之间的数学或逻辑联系。——译者注

第 5 章　原则三：深挖隐性

对已经起作用的因素实施逆向工程

这就是事情变得有趣的地方。一旦你有了泛化代码的想法，你就可以朝相反的方向工作。任何有经验的程序员都可以与某个软件进行交互，并弄清楚该软件发挥作用所需的必要条件，至少会有一个大概的了解。换句话说，你可以通过逆向工程来识别隐性资源！

所以，如果你看到一个可以画出奥运五环的程序，你可以给出一些推论。例如：

1. 它必须包含在不同位置绘制圆所需的代码；

2. 它必须能够多次重复相同的操作，同时改变一些参数；

3. 如果它可以做到这些，那么它也必须可以画出其他东西，比如奥迪车的标志。

我们可以更进一步——推断出其他资源和可能性。例如，代码必须依赖于点亮任何指定像素的能力，以便可以绘制出你可能想要的其他形状。

如何用这种方式寻找资源？

在寻找资源的过程中，我们可以查看在业务中起作用的因素，并由此推断出可以将这些起作用的因素应用到别处的必要条件。这就是我讨论 GoCo 的目的。GoCo 最初并不为银行提供软件服务，但它注意到，如果以正确的方式将其依赖的微服务打包，就会出现新的增长机会。

或者，你可以就一个非常不同的领域来考虑这个问题。麦当劳似乎不是一家房地产公司，但雷·克洛克（Ray Kroc）[1] 在与

---

[1] 麦当劳的创始人。——译者注

得克萨斯大学 MBA 学生讨论时却把它描述为一家房地产公司。或许最好还是将 21 世纪的麦当劳既视为一家房地产公司,又视为一家运营公司。这家运营公司在其历史上多次重新发现了通过靠近其业务核心——汉堡包——而产生的价值。那么,作为房地产公司呢?它的隐性资源之一是客流量分析方面的丰富专业知识,这对新餐厅选址来说至关重要。这能否成为向其他零售商甚至城市规划者提供咨询服务的基础?请注意,我并不是说应该这样做,这是一个取决于许多其他因素的战略选择。但就我们的目的而言,它很好地向你阐明了本章的主题——逆向工程。

为了保持条理性,你可以使用表 5.1 这样的表格来描述某项隐性资源及其组合方式和对客户的价值。

表 5.1 隐性资源分析示例

隐性资源	组合方式	对客户的价值
能够根据城市中各门店的客流量和人流量来建模,从而预测新店的最佳位置	• 为不同行业的零售商提供咨询服务 • 为城市规划者提供咨询服务	• 增加客户收入 • 优化城市环境

这些创造价值的元素在"洗车"范式中是如何体现的？通过表5.2可以找到答案。

表5.2 麦当劳的"洗车"选项（虚构）

元素	客流量与选址	可以考虑：商业案例开发	还有什么？例如收购战略建议	还有什么？	还有什么？	价值
还有什么？						
还有什么？						
金	√	√	√			
银	√	√				
铜	√					

这只是一个思维实验，但我认为可以想象这样的咨询服务具有很大的吸引力。正如我们已经看到的，路特斯大约一半的收入来自工程咨询，这基于它在赛车和跑车设计方面积累的专业知识。而优尼派特[①]最初只是一家汽车零部件供应商，现已建立了一个盈利的咨询部门，专注于销售改进和工厂改进。

[①] 一家总部设在英国的独资的第三方物流公司，在全球共有一万多名员工，主要提供航空、铁路、公路运输等多方面的物流服务。——译者注

第 5 章　原则三：深挖隐性

寻找隐性资源的价值

要在竞争激烈的业务中获胜，你必须为客户提供明确且不同的选择。如果你不具备独特性，客户只会选择最便宜或最便捷的供应商。但是，差异化也是有风险的。许多人会支持安全的、经过验证的"行业最佳实践"。但这些观点通常会低估与竞争对手趋同的风险。从既有资源开始，特别是从利用你的隐性资源开始，为你提供了摆脱这一困境的方法。你越是从已经做到独特且做得够好的地方建构优势，就越有可能在可接受的风险范围内脱颖而出。

如何寻找隐性能力和隐性资源

问："我们的产品是如何被生产出来的？"

回想一下计算机编程的比喻。这里的要点是任何特定行为都包含着更普遍的能力。

- 选择要查看的产品。
- 成功生产出该产品所包含的程序是什么？有没有做得特别好的？

- 必须有哪些资源才能使程序发挥作用？
- 你还能用这些程序和资源做什么？

问："我们的业务是如何开展的，我们还能将这些方法用于何处？"

现在看看你的业务中更广泛的活动内容。

- 查看你在开展业务的过程中发生的各种事情的详细信息。例如：
  - 物流。
  - 财务。
  - 研发。
  - 维护。
  - 支持。
  - 销售。
- 要使这些事情成功发生，必须采取什么措施？
- 有哪些隐性资源？
- 这些资源还有其他用途吗？

专栏 5.1

奥凯多[①]：从英国杂货商到全球技术供应商

奥凯多是一家在英国成立的在线超市，早期从未经营过零售店，而是选择将货物直接送到客户家中。随着自身的发展，奥凯多开发了支持自身运营的硬件和软件。直到后来，奥凯多才意识到这些基础设施是一项巨大的资产，因此将其打包成智能平台。通过这个平台，奥凯多为世界各地的超市提供服务，包括 Morrisons（英国）、Groupe Casino（法国）和 Kroger（美国）。从英国杂货商到全球技术供应商的转型，为奥凯多带来了巨大的增长前景。

在核心之外创造卓越

如果前两种方法对你来说过于偏重分析，你可以尝试格林

[①] 奥凯多（Ocado）是全球最大的专业网上超市之一，也是英国最大的食品、农产品电商，售卖生鲜产品、食品、家居用品、玩具和医药产品等。旗下品牌有 Ocado 线上商城、Ocado 智能平台、Sizzle 厨房用品网站和 Fetch 宠物用品网站。——译者注

低风险创新

王[1]前首席执行官、世界技能组织[2]英国分部现任主席鲁尼·阿南德（Rooney Anand）建议的方法。寻找企业的不经之谈和受信任的机制，它们不属于核心公开业务，却是实现成功的关键。例如，它们可能是你企业的预测、采购、测试、销售或问题解决方式。你正在寻找多年来没有改变的领域，不是因为惯性，而是因为它们真的出色，而这通常是因为它们是由真正的爱好者开发的。

非核心业务的示例如下：

- 大型管理咨询机构需要成为优秀的调度员。
- 一家企业可能在引导客户的应付账款部门获得支付方面特别有效，而这可以作为一项服务提供给其他企业。

企业自然都会关注核心业务要素。毕竟，人们认为它们可以将带给客户的价值最大化，并且这些要素是显而易见的。人们也通常认为旧流程由中层管理者主导，其中存在很多问题和

---

[1] 格林王为英国具有领导地位的英式酒馆营运商，其啤酒品牌覆盖英格兰、威尔士及苏格兰等地超过2 700家英式酒馆、餐厅及旅店。——译者注

[2] 世界技能组织的前身是国际职业技能训练组织，成立于1950年，总部设在荷兰阿姆斯特丹。该组织每两年组织一次世界技能竞赛，该竞赛目前已成为顶级的世界性职业技能赛事，被誉为"世界技能奥林匹克"。该竞赛就数十个技能门类设定了国际标准，内容涵盖创意艺术与时尚、结构与建筑技术、信息与通信技术、制造与工程技术、社会与个人服务等。——译者注

第5章 原则三：深挖隐性

浪费行为。这在曾经流行的"再造企业"理念中是不言而喻的。但有时情况恰恰相反。

我听过一次对博学大师、计算机研究员和戏剧导演乔纳森·米勒（Jonathan Miller）的采访。有人问他20世纪最重要的医学创新是什么。他的回答出人意料：不是青霉素，也不是更好的麻醉剂或更好的手术技术，而是"更好的护理"。现在，你当然可以提出一个论点，认为应该是其他的东西，但这显示了米勒的聪明才智和他更多地根据环境进行思考的能力。

同样，我们可以看看一级方程式赛车（F1）。人们关注的重点往往是赛车手和设计师。但是维修人员呢？他们在这项活动中发挥的支持作用当然很受赞赏，但他们的技能也使F1车队能够就如何组织外科手术团队提供咨询服务。维修人员从维修站的技术竞争中学到了很多关于极其精益、无差错和快速协调的知识，而这种知识在其他领域也具有很高的应用价值。

在外包和共享服务中心发展的趋势下，企业的非核心活动通常被定位为业务中的"灰姑娘"。然而，这是看待它的最佳方式吗？外包的逻辑是别人做得比你好。但情况并非总是如此。如果你自己变得更好，也许你可以成为别人的价值创造者。

把老生常谈当作头等大事

一种对创造力的陈腐的理解，是问"你能为一块砖找到多少用途？"关于砖的这个问题实际上是一项很好的练习，但是如果你在确定一项隐性资源后问自己一个类似的问题——"你能为这项资源找到多少用途？"——你就更有可能找到独特的应用方法。例如，你可以问："你能为有关城市地区客流量分析的丰富经验找到多少用途？"

这里有一些非常有趣的心理学现象。德鲁·博伊德（Drew Boyd）和雅各布·戈登堡（Jacob Goldenberg）在《微创新》这本书中介绍了苏珊·菲斯克（Susan Fiske）[1] 的研究成果。人们更能回答这种形式的问题，即"你能用这个方法解决其他什么问题？"，而非"你能想出多少种方法来解决这个问题？"。

当我们回答第一个问题时，我们实际上比回答第二个问题更具有创造性和收获更多，并且发明史学家认为前者带来了更

---

[1] 菲斯克为普林斯顿大学社会心理学家，研究领域为社会关系与刻板印象、偏见与歧视。她的刻板印象内容模型（stereotype content model，SCM）解释了我们对他人热情与能力的看法如何唤起厌恶、怜悯、骄傲和嫉妒等情绪。她的实验室应用神经影像学揭示了特定偏见如何激活不同的神经网络。她凭主持编纂的《社会心理学手册》于 2010 年获得 APA 杰出科学贡献奖。2013 年入选美国国家科学院院士。——译者注

多的进步。

探索异常现象的重要性

日常表现的例外情况往往是搜索隐性资源的最佳地方之一。企业的表现很少是均衡的。但是，管理报告的趋势却是将其平均化，这意味着重要因素可能被隐藏起来（回想一下关于统计学家在平均两英尺深的河流中溺亡的古老笑话）。

无论你的平均表现如何，你与世界的某些互动都可能出类拔萃。而它们经常被视为异常现象。

精英组织和表现最好的人能够更敏锐地适应积极的异常情况。他们也更懂得事物的意义。例如，麻省理工学院一年级编程课的课程介绍是这样的："通过学习编程，你将习得人类已知的最重要且最强大的问题解决过程之一。"而大多数课程的课程介绍是这样的："编程是一份高薪工作"或与此类似的平凡事物。

那么，你该如何让自己对积极的异常现象保持敏感呢？你可以使用正式和非正式的方式来处理它。你可以对定量测试进行一些复杂的分析，或者你也可以对意外情况保持警惕，从而以定性的方式保持敏感。

例如，呼叫中心接线员在客户服务方面是出了名的糟糕，所以当他们做得很好时，我有时会要求与接线员的主管交谈。接线员以为我要投诉，通常会垂头丧气，直到我向他们保证不会投诉，他们才得以平复心情。得知我要和他交谈，主管更为吃惊。交谈结束后，我总是想知道主管是否会借此机会找出接线员做得好的地方，并在呼叫中心传播这种内部最佳实践。

可以去做的系统性事情

• 练习"去平均化"。例如，我们可以超越均值来进行分析，看看哪些特定客户的获利水平最高或最令人满意。哪些方面的运营效率特别高？你可以问："是什么导致了例外和平均之间的差异？"《高效管理的 80/20 法则》的作者理查德·科克（Richard Koch）在自己的整个投资生涯中都在贯彻这种方法。然而，当他意识到它的重要性时，我听到其他人对此不屑一顾："哦，这只是原来的帕累托效应[①]"。

• 对客户的满意保持关注。如果客户感到特别满意，你会

---

① 帕累托效应由意大利经济学家兼社会学家维尔弗雷多·帕累托（Vilfredo Pareto）提出，他在经济社会学研究中发现意大利 80% 的收入来自 20% 的人口。后来，这个假设被广泛运用于各个领域，简述为 80% 的产出来自 20% 的投入。——译者注

收到来信吗？你是否准备好了收到令你惊喜的感谢信？如果有人写了这样的信，你会收到吗？你需要在事情进展顺利时能轻易被告知，而不是仅仅关注客户的投诉。

• 不要只是给予认可。许多企业都会评选"月度最佳员工"或"年度集体奖"。如果高绩效者真正脱颖而出，那么弄清楚他们的诀窍就很有价值，以便你可以挖掘这些方法并进一步应用。

副产品何时可以变为主打产品？

我们通常强调运行过程中产生的副产品，例如内燃机工作排放的氮氧化物。但有时副产品可能是非常有价值的。

牛津大学赛德商学院的管理学教授迈克尔·斯梅茨（Michael Smets）让我注意到鹰嘴豆烹饪液①的迷人例子。鹰嘴豆在煮熟时会产生一种黏稠物。事实证明，鹰嘴豆可用作纯素蛋白的替代品，既可以在家中使用，也可以用于大规模生产纯素食品，包括蛋白甜饼和棉花糖。

---

① 鹰嘴豆烹饪液可用作蛋白替代品。由于鹰嘴豆具有广泛的用途，它对纯素食主义者和对鸡蛋清过敏的人尤为重要。——译者注

低风险创新

问："为什么我们没有变得更糟？"

我第一次与一家购物中心的运营总监会面时，我们讨论了购物中心的总体情况，该运营总监碰巧提到了最近的一项员工满意度调查，该调查的结果令人十分失望。事实上，他透露，管理团队对此感到非常沮丧。显然，对这样糟糕的反馈需要采取解决措施。但要有效地做到这一点，我们必须关注并调节管理层的士气，这样他们才能带着积极的期望来处理这个问题，而当时他们对购物中心的看法已经被调查结果左右了。为了帮助该运营总监与他的可用资源联系起来，我不得不对他当时的心理模式进行再平衡。

我这样对他说：

尽管调查结果令人失望，但我们还有其他一些信息。正如你所料，今天我在来这里之前用谷歌浏览器进行了搜索。我相信你们的购物中心每天有5万名访客，这比去年增长了7%。无论如何，其中绝大多数人都有条不紊地进行他们的活动。人们购物，吃饭，使用各种设施。其中有访客的孩子暂时走失，但在员

第5章 原则三：深挖隐性

工的帮助下他们找到了自己的孩子。这些突发事件在没有"剧本"的情况下得到了处理。我自己作为"普通访客"也多次到访过你们的购物中心，根据我的亲身经历，我的一个朋友在咖啡馆丢了手机，你的员工表达出乐意和肯定的态度，他们最终帮我的朋友找回了手机并且看上去很高兴能帮上忙。所以，我知道至少有一些员工对他们的工作感到自豪。我独自一人到访你们的购物中心多次，也从未有过糟糕的经历。并且我也从未听过其他人抱怨。我讲的都是细枝末节，虽然你现在显然有一个问题需要解决，但你在某些方面做得很好。事实上，一大群人也必然有一大堆事做得很好。如果我们要一起工作，那么我想从这些既有资源开始。

该运营总监的心情明显变好了，这次会面结束时，他对我说："你的评论完全改变了我对我们所面临情况的看法。我的感觉比之前好了100倍。"正如你想象的那样，我们很快就开始合作了。

即使是一个业绩平平的人也会在很多方面做得很好——这

是我们经常忽略的。在这里，我们介绍一种用于改变人们思维方式的绝妙技术，称为"缩放"。这是一种来自以解决方案为核心的治疗领域的技术，这种技术在商业领域也被证明是有价值的。

具体步骤如下：

第一步，了解你目前的情况。无论你认为自己是遇到了问题还是正在采取积极的措施促进发展，问问自己："我最大的希望是什么？"

第二，创建一个量表。如果最高的期望值是10，而最低值是0——不管这个最低值对你而言是指什么——那么你的分值是多少？

第三步，大多数人认为自己的分值处于3~7的范围内，我们假设你的分值是5。

第四步，问："为什么我的分值不是4，是什么阻止我变得更糟？"你肯定在某些方面做得不错。

第五步，盘点你的分值最低为4的原因。尽量找出积极因素，比如：你的优势和能力是什么？什么在起作用？这正是我与该购物中心运营总监私下的合作方式。在寻找这些积极因素时要详尽无遗。我不断提出"还有什么？"的问题，这让客户有些抓狂。

第六步，分析这些优势和能力，问问你自己能用它们做什么。

我们将在本书第 14 章以全新的方式再次看待"缩放"的理念。

认识你的生存能力和复原能力

这种方法基于以下前提：要生存，就必须应对各种挑战。为此，你必须利用有效的资源，大体上有三种方法可以应对生存挑战。

缓冲

这是拳击手的方法——你增强自己的体能和力量，以便在没有内部损伤的情况下经受住外部冲击。它也许是必不可少的，虽然它不能防止你流血，但它肯定会在一定程度上发挥作用。在商业术语中，这可能意味着拥有足够强大的某种储备：显而易见的通常例子是强健的财务状况，也可能是出色的安全预案、可实施的专利、强有力的诉讼程序。所有这些都可以是可重复使用的资源。

提升敏捷性，以便消除不可缓冲因素的干扰

仅靠进攻很难构建充分的防御能力。第二种方法就像合气道①的策略，能够随着受攻击或冲击而变化。在商业领域，这

---

① 合气道是一种利用攻击者动能、操控能量、偏向于技巧性控制的防御反击性武术，所以合气道不提倡主动攻击；它是源于日本大东流合气柔术的近代武术，主要特点是以柔克刚、防守反击、借劲使力以及不主动攻击。——译者注

种方法是指决策应该足够贴合客户和供应商。例如，企业应该完美地解决客户的问题，而不是利用公关手段来降低损失，这更类似于在拳击比赛中拥有一名优秀的拳击教练。那么，从哪里可以找到内部敏捷性的最佳实践案例呢？

提升反脆弱能力

纳西姆·塔勒布（Nassim Taleb）[1]在《反脆弱》中创造了这个概念。他问"脆弱的反面是什么？"大多数人会用"稳健"之类的词来回答。但他指出，如果脆弱的东西会被压力分解，那么脆弱的反面难道不应该是被压力所强化吗，就像肌肉组织一样？从这个角度来看，肌肉是抗脆弱的（塔勒布热衷于举重运动并非巧合）。你的组织从冲击中学到了什么？这无疑是一条通往提供有趣的咨询服务的可行路径。例如，加文·德·贝克尔公司[2]在名人保护方面处于世界领先地位。该公司的能力在很大程度上取决于其创始人加文·德·贝克尔在充满危险的童年时期获得的行为洞察力和技能。

---

[1] 纳西姆·塔勒布，风险工程学教授、风险管理理论学者，以《黑天鹅》一书闻名于世。诺贝尔经济学奖得主丹尼尔·卡内曼称其"改变了世界对不确定性的看法"。塔勒布的主要研究兴趣在于随机性、不确定性、稀有事件（黑天鹅事件）等问题。其著有《随机生存的智慧》《黑天鹅》《反脆弱》等书。——译者注

[2] 美国著名的安保企业，由加文·德·贝克尔于1997年创办。——译者注

你的企业对挑战的反应（例如新冠疫情）在哪些方面让你变得更强大，以便你可以提供咨询服务、发明某物或以其他方式将这些资源应用到新的情境？

思想重塑实验：给"敌人"一条出路

> 凡用兵之法，全国为上，破国次之；全军为上，破军次之；全旅为上，破旅次之；全卒为上，破卒次之；全伍为上，破伍次之。

大概意思是：永远给你的敌人一条出路。如果你不给他们留出路，他们会更加激烈地战斗，结果并非最好。若有出路，他们则不会更加激烈地战斗，或可达到最佳效果。

本章的最后一个例子是关于重塑一家面临生存威胁的企业。我们通过在这种异常艰难的情况中应用隐性资源来进一步推广使用隐性资源的主张。

随着社会责任投资（SRI）与环境、社会和公司治理（ESG）议程的兴起，许多行业正面临来自政府、卫生组织、运动团体甚至股东的压力。在道德准则上令人质疑的企业，其未来会怎样？

低风险创新

毫无疑问，有些人会试图更加激烈地反抗。而另一些人可能会愿意改变，如果他们能看到一条逃生路线的话。但是，即便人们想要停下，也可能困难重重，这在很大程度上是因为有许多人的未来生计取决于所处行业能否存续。以烟草业为例，尽管有时个体种植者的待遇很糟糕，但他们的生计仍然依赖香烟制造商。许多原本无辜的养老金领取者也可能依赖于这些企业的保值。

假设一家香烟制造商决定完全退出烟草业。它不想挤上过度拥挤的临时救生筏，认为这在经济上是不稳定的，而且充其量是道德的临时停靠站，很难满足持有异议的利益相关方的要求。

那它要如何做呢？如果它从寻找既有资源开始，我们首先得回答香烟制造商擅长什么。香烟制造商曾经在销售和营销方面处于世界领先地位——在广告史上，很难想象还有比万宝路[1]更具标志性的形象。但在过去的几十年里，政府严格限制香烟制造商的广告行为。营销现在不太可能成为强项，它需要寻找新的优势。

---

[1] 万宝路是世界最畅销的香烟品牌之一，其品牌名称起源于英国，最后在美国独立注册。——译者注

第 5 章　原则三：深挖隐性

采购和物流怎么样呢？采购是极具挑战性的：你如何保持与所有规定的农业变量的一致性？如何在基础设施通常比较糟糕的条件下将香烟有效配送到全球数十万个甚至数百万个销售点？

为了做到这一点，香烟制造商必须学习什么？潜在的惯例、诀窍和关系是什么？另外，这些资源还能用来做什么？

例如，它如何为电商分销或医药配送提供支持？如何将诸如高粱等作物的小生产者同步到大型网络中？（人们对高粱有着越来越大的需求，因为高粱可以用于生产食品、高粱糖浆、动物饲料、酒精饮料以及生物燃料。）如果这个思想重塑实验听起来很荒谬，我们再看看可口可乐的例子吧。该公司具有相当的能力，能够将其产品运送到偏远地区，而且它利用这种能力把药物放在饮料瓶的颈部空间，从而完成药物的发放。

对于涉及道德问题的企业来说，如果它们找不到经济上的出路，则不太可能停止其有害行为。那么，从既有资源开始可能是它们最好的机会。

小结：一个好主意真的会发挥作用吗？

基于我的经验，团队为他们曾经忽视的资源找到新的、可能的使用方法的过程十分鼓舞人心，无论这种资源是通用资源、隐藏资源还是隐性资源。提出这样的新想法很棒，但这些新想法是基于已经奏效的东西，因而这并不意味着它们会自己发挥作用。因此，在下一章，我们将带着一些科学的谦逊来缓和任何炼金术的狂妄自大，"正确发问"将教会我们什么才是有效的。

第 6 章
原则四:正确提问

若欲支配自然,就须先服从自然。

——《新工具》,弗朗西斯·培根

在前面的三章，我们研究了各种方法来分解我们的既有资源，并将其重新构建成新的增长理念。你找到的这种隐藏的"黄金"越多，你就越会看到你的业务拥有各种被忽视的增长潜力。但是，识别潜力只是等式的一边，要从中受益，你还需要运用这种潜力。

拥有新的可能性是一回事，而这些可能性能否实现就无从知晓了。即使是专业的金融人士和首席执行官，也会做出错误的预测，市场研究也可能产生危险的误导作用，因为客户本身不善于预测自己的未来行为。

人们基于一厢情愿的想法、可疑的假设、受追捧的市场研究反应或最高收入者的意见而发起各种倡议。他们满怀热情，却构建了错误的东西，把钱花在了错误的东西上。

金融界人士对此深有体会。他们试图通过精心设计的业务规划模板来管理风险。但是，这些又引发了他们自身的问题：

• 有些人非常擅长操纵这个过程，他们经常游说组织内有影响的人为糟糕的想法提供资金。

第 6 章　原则四：正确提问

· 有些人因认定某个想法不妥而实际上遏制了某些突破性进展。

以上这两种问题都是确定性错位导致的。为此，我们最好秉持著名编剧威廉·戈德曼（William Goldman）① 的态度："没有人可以知道一切……在整个电影领域，没有一个人确切地知道什么会起作用。每一次都是猜测，而如果你幸运的话，你可以猜出个八九不离十。"*

不仅电影行业如此。

因此，即使是看起来最有希望的想法，在寻求大量新资源注入之前，我们也最好尽早以尽可能低的成本将其视为有根据的猜测以及需要被测试的假设。

无论房间里那个收入最高的人说了什么，无论市场研究表明什么，现实世界才是有效性的最终仲裁者。在这个瞬息万变的时代，我们必须提防带有无根据假设的宏伟计划。甚至基于高可信度分析的计划也经常被证明是没有根据的。推行这样的计划会浪费大量的资源。

---

① 好莱坞著名编剧。戈德曼一生共留下 16 本小说、3 本回忆录、23 个电影剧本、2 部舞台剧。代表作有《神偷盗宝》《复制娇妻》《总统班底》《虎豹小霸王》等。——译者注

* 见戈德曼所著《银幕交易历险记：关于好莱坞的个人观点》一书。

然而，如果你以正确的方式向世界发问，它会教给你什么是真正有效的，从而为你扩大规模提供自信的基础。因此，在浪费金钱之前，请使用你已经拥有的东西来检验你的假设。本章将向你展示如何像 Zappos 和其他运用严谨实验的组织一样，识别可能导致商业理念失败的关键假设，并尽早以尽可能低的成本在现实世界中对其进行检验。

找出现实中什么是有效的

大约是在 2000 年，当投资者因卷入互联网热潮而陷入困境时，一家名为 Webvan① 的初创公司筹集了数亿美元来建立在线杂货业务。在支持者——经验丰富的硅谷风险投资家——的建议下，为了抢占先发优势，Webvan 建立了一个最先进的配送中心，配备了自动拣选系统，并购买了造型独特的送货车来强化公司品牌在消费者心中的形象。

不幸的是，Webvan 选择了错误的市场，收入永远赶不上投资支出。这并不是 Webvan 忽视了市场调研所导致的。我们

---

① Webvan 曾是美国一家著名的网上杂货零售商，创办于 1997 年。2001 年，Webvan 斥资 10 亿美元建设先进的仓库，但造成巨大的成本压力，最终导致破产。——译者注

第 6 章 原则四：正确提问

需要明确一点：公司团队和投资家一样，是一群聪明而成功的人士，在行动之前往往都做了细致的业务规划。他们做过调研，结果表明他们所提供的是一种对大众具有吸引力的服务。但是，虽然受访者表示他们喜欢送货上门的想法，但现实情况却是他们并不会真的为此付费。

这与亚马逊的卖鞋网站 Zappos 早期采用的方法形成鲜明的对比。正如埃里克·莱斯（Eric Ries）[①] 在《精益创业》一书中所解释的那样，Zappos 的创始人一开始并没有花太多钱。他们建立了一家简单的网站，在网站上展出了在一家当地鞋店拍摄的鞋子照片。如果有客户在网上下单，Zappos 的工作人员就会去那家鞋店买鞋，然后亲自送到客户手中。Zappos 的团队验证了人们在试穿之前会购买鞋子的关键假设。如果这个假设被证明是错误的，那就不会有生意。但是，一旦他们知道这个假设是真的，他们就可以考虑业务增长所需的其他方面。

[①] IMUV 联合创始人及 CTO，哈佛商学院驻校企业家，其"精益创业"的理念被《纽约时报》《华尔街日报》《哈佛商业评论》《赫芬顿邮报》等多家媒体广泛报道。他还为多家新创企业、大型公司及风险投资机构提供商业及产品战略方面的咨询服务。——译者注

我们能从过去的经验中学到多少？

我写过一篇文章，在这篇文章中我高度肯定了英国超市巨头乐购在推出 Fresh & Easy 商店①计划时对美国市场进行详细调研的做法。我谈到了公司让高管和家人一起出去玩，体验美国人喜欢的购物方式。因购物区和高速公路的布局、工作和家庭习惯等因素，美国人的购物方式与英国人有很大的不同。无论如何，尽管"从客户的角度看世界"的信条仍然有效，但乐购所做的深入调研并未产生理想的效果。Fresh & Easy 商店经营惨淡，乐购最终于 2013 年宣布退出该业务。这其中似乎有很多的原因：美国消费者已经被宠坏了，Fresh & Easy 这个名字让一些消费者联想到除臭剂而不是杂货店，商店没有发放优惠券——英国消费者对此并不热衷，但这在美国却是一种全国性的消遣方式。虽然这一切并没有使我的观点失效，但它确实让我提到的例子失去了原有的示范意义。所以，虽然我没有过多追求未来主义，但我可以踏实地做出一个预测，那就是在未来几年里我在这方面会做得更少。

---

① Fresh & Easy 系乐购为开发美国市场而打造的品牌。——译者注

第6章 原则四：正确提问

回顾专家和商业领袖的预测很有趣。例如：

• 在1977年，数字设备公司（DEC）[①]的创始人肯·奥尔森（Ken Olsen）说："人们没有理由想要自己的家里有一台电脑。"（当时，奥尔森将一家车库初创公司打造为DEC，DEC日后成为世界第二大电脑制造商——我们可以假设他对计算机行业略知一二。）

• 20世纪福克斯电影公司的制片人达里尔·扎努克（Darryl Zanuck）在1946年表示，电视不会持续存在，因为"人们很快就会厌倦每晚盯着胶合板盒子看"。

• 天文学家克利福德·斯托尔（Clifford Stol）1995年在《新闻周刊》的专栏中表示："没有任何在线数据库会取代日报，没有任何光盘存储器可以代替称职的教师，没有任何计算机网络会改变政府的工作方式。"

• 在2007年，时任微软首席执行官的史蒂夫·鲍尔默（Steve Ballmer）说："苹果手机不可能获得任何重要的市场份额。绝不可能。"

[①] 数字设备公司（Digital Equipment Corporation，DEC），1957年由两位年轻人肯·奥尔森（Ken Olsen）和哈兰·安德森（Harlan Anderson）创办，1998年与康柏公司合并，2002年被惠普公司收购。——译者注

显然，成功和聪明并不能说明一个人的预测能力。即使是战略管理领域最优秀、最明智和最具创造性的作家之一，亨利·明茨伯格（Henry Mintzberg）也如此。

明茨伯格说："安然公司*凭借其'张弛有度'的管理政策，想出了如何在没有常见陷阱的情况下实现变革。这家总部位于休斯敦的能源公司仅仅对公司的两个流程进行非常严格的管理：绩效评估和风险管理。"**

明茨伯格无疑在管理学中具有举足轻重的地位，所以当我读到他对安然居然有如此误判时，我对自己在乐购问题上的贻笑大方之词也就释然了！

从这里可以总结出什么教训吗？首先，对于准专家来说显然是"不要做出笼统的预测"！但更严肃的是，也许可以看看以下几种情况。

- 不要贸然效仿看起来成功的企业的"最佳实践"。
- 不要对"模型"或思维模式过度自信，并误认为这些就是现实世界中正在发生的事情。

---

* 安然公司连续六年被《财富》杂志评为"美国最具创新力的公司"。在被发现存在大规模会计欺诈后，该公司倒闭了。安然2001年的破产申请是当时美国历史上规模最大的一次，损失总额约为740亿美元。

** 见明茨伯格的文章《如何克服变革疲劳》。

• 由于新想法或替代品会威胁到你目前成功甚至占主导地位的商业模式，在想要撇开其竞争威胁之前，请三思而后行。

• 要么将业务建立在具有持久性的人类需求上，要么确保你拥有一个灵活的组织：对于让你取得今天成就的假设，这个组织能够让你感知并响应对这些假设的威胁。

你知道，当有人提出一个商业想法并询问你的意见时，这是一个令人窘迫的时刻，因为你的答案必然是一种观点。记住编剧威廉·戈德曼的建议，当讨论一个新想法是否可行时，答复"没有人可以预知一切"会更安全。

我们能做些什么？

当你就商业理念提出或寻求意见时，最好将该意见视为有根据的猜测。如果你想听起来更老练，你可以称之为假设。

那么，我们应该如何处理假设呢？我们应该通过实验来检验它们（如果我们要管理风险，则需要尽可能早地以更小的代价进行检验）。

还记得赛格威（Segway）——电影《百货战警》中的双轮个人交通工具吗？这项设计一度引发了热议，很多人认为赛格威将会大受欢迎，因为它很酷。不过，实际上没多少人购买。

如果赛格威的研发者检验了人们想要替代现有个人交通工具的假设,他们可能会有一个令他们不愉快的觉醒过程——假设实际上是错误的。但同时他们也能节省数百万美元,他们本可以使用这笔资金并依靠自己的才干来追求其他的东西。同样,如果史蒂夫·鲍尔默任首席执行官时的微软公司将苹果手机带到银行的交易大厅,它可能会发现黑莓手机粉丝很乐意用他们的键盘换取触摸屏。[1]

"事后看来,这一切都很好",你可能会这样反驳,而且你这么说合情合理。"但我能提前做些什么吗?"

答案可以从硅谷的公司那里找到。从初创企业到通用电气和 Intuit[2] 这样的老牌组织,它们的做法基本上就是将科学方法应用于业务创新,这让它们取得了巨大的成功。这种做法也通常被归类为"精益创业"或"客户开发"。

概括来说,这个过程是这样的:

---

[1] 黑莓手机坚持用全键盘而非后来居主导地位的触摸屏,这是导致其业务滑坡的重要原因之一。——译者注

[2] Intuit 成立于 1983 年,该公司在自助财务管理软件市场拥有统治地位,目前已进军新市场,如开发帮助病人看懂医疗账单或帮助农户追踪商品价格的手机应用程序。——译者注

第6章 原则四：正确提问

1. 确定支撑商业理念的关键假设。

2. 找到最危险的假设，并把它当作一个待检验的假设。

3. 设计成本最低且最便捷的实验来检验这个假设。

4. 用你学到的东西来加速、修正你的商业理念，或者在必要时放弃你的商业理念。

5. 重复上述步骤。

以这种科学方法检验一个商业理念需要勇气，当证据可能威胁到我们宝贵的想法或领导者的想法时，尤其如此。但从迷信到科学的转变总是需要勇气，所有的创新都有赖于此。

专栏 6.1

很难停下的火车

思克莱德商学院（SBS）创业中心的兰吉特·达斯（Ranjit Das）是通用电气"快速启动"项目的前任导师，曾与"精益创业"的创始人埃里克·莱斯共事。兰吉特也曾在通用电气的石油和天然气业务部门工作。他提出以下意见：

在大多数企业中，为项目获得资金是一个艰难的过程。当你需要大量资金时，尤其如此。人们希望得到保证。你必须跨过许多障碍，填写各种表格。你必须基于推测和不可靠的客户信息，展示类似于"曲棍球棒"效应的非常有吸引力的增长。你还必须游说高级财务主管,让他们对你的想法表示认可。而目前的危险是,高管不仅在项目上投入了金钱,还投入了个人声望。

那么,当你达到阶段关口并且项目尚未走上正轨时会发生什么?正如兰吉特指出的那样,"这是一列很难停下来的火车"。

精益创业的意义不在于它提高了商业理念的命中率,实际上它可能并没有。它的作用是更好地管理你的开发资金。与其说"在接下来的 2 年里有 1 000 万美元用于开发这款产品",还不如说"在接下来的 6 周里用 5 万美元来检验第一个假设的真假。如果事实证明这个假设是真的,我们将为你提供更多资金以进入下一步。如果事实证明这个假设是错误的,我们可以讨论一个支点,或者我们同意放弃这个商业理念(节省 995 万美元和 98 周的时间,并把它们用于其他事情)"。从本质上来说,让我们在投入所有资金之前找出有效的方法。

从精益创业中学习

虽然有很多关于精益创业过程的描述,包括埃里克·莱斯首创的"建构-评价-学习"循环模式,但我发现客户掌握得最快的还是图 6.1 所示的那个,这是我和兰吉特·达斯就一个项目共事时他介绍给我的。

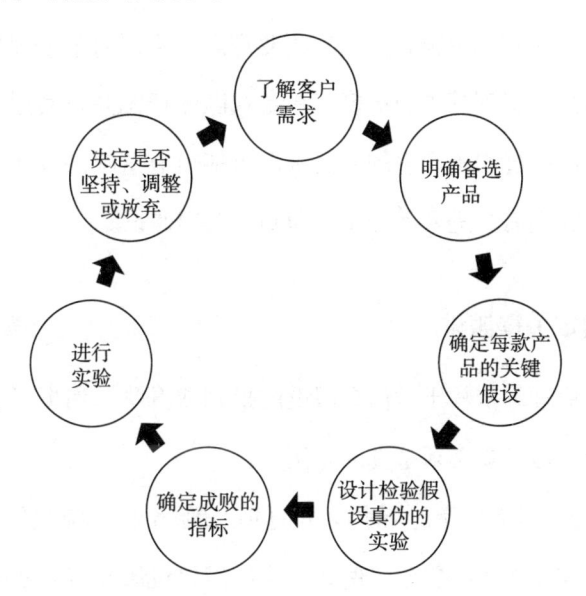

图 6.1 精益创业模式循环（改编自兰吉特·达斯，经他本人许可）

了解客户需求并明确备选产品

我之所以将这两者组合在一起，是因为它们不像图 6.1 以及很多"理性"的开发过程所暗示的那样有序排列。当然，有时你是从客户明确表达的需求开始，然后着手设计一个简洁的解决方案。偶尔，我们是先发明了一种全新的技术，然后才找到了现成的市场。

但在更多情况下，你会从客户那里得到含糊不清的抱怨，或者你可能有一个很有价值的商业理念，但因尚未整理好而无法让客户认识到其中的价值。在寻找隐藏资源并将其用于提供潜在产品的过程中产生的商业理念可能就有这样的性质。这就是为何我们需要进入下一步，即确定关键假设。

确定关键假设

商业理念依赖于对信念假设的批判或升华。如果要让该理念奏效，假设就必须是真的，例如：

- 人们准备做什么（例如，我们可以让服务人员发起销售对话）。
- 你需要哪些资源（例如，我们需要说服超市给我们留足货架空间）。
- 竞争对手的行为（例如，客户非常喜欢我们的产品，以至于竞争对手无法仅仅通过低价竞争从我们这里抢走客户）。
- 供应商的行为（例如，我们可以保证所需的原材料供应充足）。
- 销售潜力（例如，有足够的买家）。
- 盈利潜力（例如，如果能确保销售额，我们就可以把它变成利润）。

第 6 章　原则四：正确提问

• 经营成本（例如，我们可以以一定的成本获取客户，从而为我们带来一些利润）。

• 增长潜力（例如，以负担得起的方式吸引新客户）。

没有办法证明你已经列出了某个商业理念所依赖的所有假设。因此，用各种方法来列出一个清单，在这些方法之间来回切换，并让不同的人参与进来，是很有意义的。这里有一些方法可以帮助我们做到这一点。

挖掘你以及你所在团队的直觉和经验

简单地问自己这样一个问题："为了让这个商业理念奏效，什么必须是真的？"

就前述 Zappos 的例子而言，典型的答案包括：

• 人们必须准备好在没有试穿的情况下购买鞋子。

• 人们必须愿意承担退货的麻烦。

• 人们必须相信他们会收到退款。

• 当人们想购买鞋子时，鞋店必须有库存。

将标准业务模型框架作为一种提示

基于过去的经验和对企业需要具备的要素的分析，可以形

低风险创新

成一系列框架。你可以将这些作为模板：你对每个要素的最佳猜测将成为你的假设。例如，所有商业模式都至少需要确定价值主张、销售方法、目标客户群、支付结构、关键活动、分销方法和财务模型。不同的模板倾向于强调不同的业务观念，因此使用多个模板是有意义的。如果你需要更多的详细信息，可以参考其中一种流行的框架，例如商业模式画布[①]、精益画布[②]、战略地图[③]或驱动力分析*。

[①] 商业模式画布将一种完整的商业模式以结构化的方式划分出 4 个视角、9 个模块，以更直观地描述企业的商业模式。其中，4 个视角为：who——我们为哪类人提供服务/产品？what——我们具体提供什么样的服务/产品？how——我们要怎么提供服务/产品？money——我们要怎么通过这些服务/产品赚钱？9 个模块为：用户细分、价值主张、关键业务、核心资源、重要合作、用户关系、渠道、成本结构、收入来源。——译者注

[②] 精益画布是一个非常好的头脑风暴分析过程，一般包括以下内容：问题、解决方案、关键指标、独特卖点、门槛优势、渠道、客户分类、成本分析、收入分析。——译者注

[③] 战略地图是在平衡计分卡的基础上发展起来的，是以平衡计分卡的四个层面目标（财务层面、客户层面、内部层面、学习层面）为核心，通过分析这四个层面目标的相互关系而绘制的企业战略因果关系图。这四个层面是战略地图的核心，具体来说，企业通过运用人力资本、信息资本和组织资本等无形资产（学习与成长），才能实现创新、建立战略优势、提高效率（内部流程），进而把特定价值带给市场（客户），从而实现股东价值（财务）。——译者注

* 见亚历山大·奥斯特瓦德（Alexander Osterwalder）和伊夫·皮尼厄（Yves Pigneur）合著的《商业模式新生代》、阿什·莫瑞亚（Ash Maurya）所著的《精益创业实战》、罗伯特·卡普兰（Robert Kaplan）和大卫·诺顿（David Norton）合著的《战略地图》、本杰明·特雷戈（Benjamin Tregoe）和约翰·齐默尔曼（John Zimmerman）合著的《高层管理战略》。

第6章 原则四：正确提问

利用反对者的力量

这是使用你可能不欣赏的资源的绝佳机会，即利用业务中反对者的力量。那些对每一个想法都说"不"的人是令人沮丧的，但他们也可以增加很多价值，具体方法如下：

你可以问他们："什么会导致这个想法失败？"在他们告知答案后，你可以将他们的反对意见翻转并添加到你的假设列表中。比如，你询问："什么因素会使它行不通？"正如你所期待的，答案十分有吸引力："这是一个愚蠢的想法，因为没有人会订购他们没有试穿的鞋子。"那么你的假设就可以变成："人们会订购他们没有试穿的鞋子。"

对假设进行最佳排序以检验它们

图6.2显示了如何对你的假设进行排序，以便你以最有效的顺序检验它们。

通过设计经济可行性实验来检验假设

用精益创业的行话来讲，检验假设的方式是构建最小可行产品（MVP）（想想Zappos是一个将简单的网站、当地鞋店、

151

购买和配送鞋子的团队组合在一起的例子）。正如其他流行的行话一样，MVP 指代超出其原始范围的各种想法。

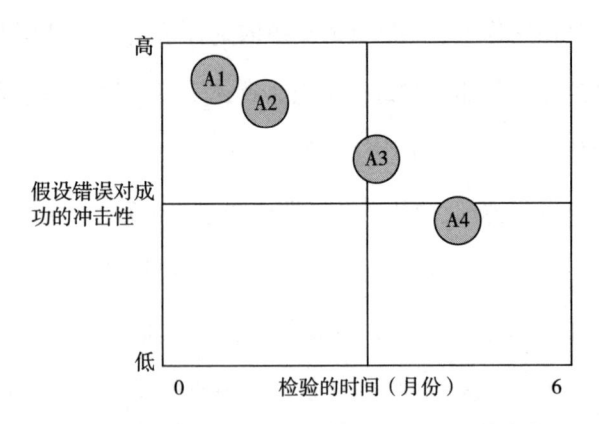

```
高
    ┌─────────────┬─────────────┐
    │  A1         │             │
    │    A2       │             │
    │             │   A3        │
假设错误对成├─────────────┼─────────────┤
功的冲击性   │             │             │
    │             │    A4       │
    │             │             │
低  └─────────────┴─────────────┘
    0        检验的时间（月份）      6
```

图 6.2 假设的排序（改编自兰吉特·达斯，经他本人许可）

谈论 MVP 而不是简单的"实验"可能会导致对检验假设的条件产生许多误解。

- 误解 1：你需要一款完整的产品。

最小可行产品使人们在头脑中形成了特定画面。而对于某些假设，无须构建任何类型的"产品"即可对其进行检验。例如，你可以通过展示简单的演示文稿，然后请求签署协议来测试某人的购买意愿。在测试这种意愿之前构建任何类型的产品只会浪费时间和金钱。

- 误解2：极简意味着粗制滥造。

不，客户应该有好的体验。从客户的角度来看，Zappos早期带来的体验很好。由"幕后人"实施的事实并没有减损客户获得的价值。但是，如果你的产品确实劣质，它会扭曲你获得的反馈，并可能因让客户失望而损害你的声誉。

- 误解3：最小可行产品是一个原型。

并不必然如此。"原型"意味着一个非常完整的解决方案。危险在于，在设计和构建原型时，你将再次将时间和金钱花在不必要的方面来检验假设。

- 误解4：这是一个试验性方案。

不是这样的。人们向他们的支持者承诺一个试验性方案，以表明他们正在管理风险。但试验性方案通常旨在"证明"人们已经做出的决定，这种方案有作秀的意味。充其量你会学到一些东西，以便你可以调整后续的主要项目，但试验性方案导致项目取消或重大转变的情况很少见。医疗保健行业的一位高管告诉我，当试图实施精益创业时，有一个团队试图玩转整个过程——进行虚假的实验，提供零碎的"证据"，同时他们总是打算实施自己喜欢的想法，因为他们确信自己是对的。

因此，基于以上这些原因，最好不要谈论术语，而只谈论实验。然后，你可以直截了当地问这样的问题："在最低限度上，我们需要做什么——最好是利用我们的既有资源来证明这个想法所依赖的假设是错误的？"

在这方面，我有时会惊讶于人们如何随意增加不必要的成本和复杂性。一家企业想要检验现有客户准备购买新的"选项2"组合包（"洗车"范式）的假设。他们计划乘机前往客户的所在地，展示一份模型小册子，并请求对方签订一份协议（协议规定如果产品面世，客户就会购买）。

我问："你们是否可以通过通信工具 Skype 做这项工作，而不是乘机前往？"

他们回答："最好还是亲自去见一见。"

我再次问道："好吧，我换个问法，你们能通过通信工具 Skype 证伪你们的想法吗？"

"可以。"他们承认了，从而立即节省了 3 000 欧元和两天的时间。*

---

* 这发生在新冠疫情之前。从那时起，我们了解到可以远程做很多我们认为不可能的或至少是不可接受的事情，即我们有能力利用已经拥有的东西做更多的事情。

第6章 原则四：正确提问

进行实验并使用结果来决定下一步

如果你的实验有效，你可以继续检验你的下一个假设；一旦你检验了所有假设，你就可以继续拓展你的想法。

然而，如果你的实验失败了，你有两个选择：

第一，你可以结合经验教训调整你的想法。这就是著名的"转型"理念，这是另一个现在被过度使用但就其原始意义非常贴切的术语。PayPal[①]提供了一个成功转型的著名例子，它最初是在个人数字助理（PDA）[②]上使用的电子钱包，而它的价值直到作为 eBay[③] 上的安全支付方式时才被认可。

第二，果断叫停火车。叫停该想法，将你的资源重新部署在其他事情上。请注意，如果你将这种练习作为低预算实验而

[①] PayPal 于 1998 年 12 月建立，是一个总部位于美国加利福尼亚州圣何塞的在线支付服务商。在 PayPal 平台上注册完全免费，并且该平台集国际流行的信用卡、借记卡、电子支票等支付方式于一身。作为名副其实的全球化支付平台，PayPal 的服务范围超过 200 个市场，支持的币种超过 100 种。在跨境交易中，将近 70% 的在线跨境买家更喜欢通过 PayPal 来支付跨境购物款项。——译者注

[②] 个人数字助理是集电子记事本、便携式电脑和移动通信装置于一体的电子产品，可分为电子词典、掌上电脑、手持电脑设备和个人通信助理机四大类。——译者注

[③] eBay 于 1995 年 9 月 4 日创立于美国加利福尼亚州圣何塞，是一个可让全球民众在网上买卖产品的线上拍卖及购物网站。——译者注

不是高成本、高风险项目的第一步,那么如此操作是最容易的。

理解"快速失败"

> 不管你的理论有多漂亮,不论你有多聪明,如果它不符合实验结果,就是错的。
> ——理查德·P. 费曼(Richard P. Feynman)
> 1965 年诺贝尔物理学奖获得者之一

在前述 Webvan 的例子中,其创始人和投资家无疑都是聪明人,他们有着良好的业绩记录和漂亮的商业计划。因此,如果企业高管批准的项目被证实偏离了轨道,最有可能拒绝"让火车停下"的便是他们自己。而问题的关键是,一旦你费尽心思启动了一个大项目,就很难停下来。

本章提到的实验方法的一大价值在于,它将"失败"重新定义为"学习"。当然,如果一个想法被证明无法实现,那么它可能仍然令人失望,但不会对自我或职业造成威胁,它可能只是一款失败的产品而已。

谈论创新往往会引发恐惧。领导者会说"我们需要快速失败"或"如果你想提高成功率,就需要提高失败率"。这听起来不错，但除非你能把握整体结构，否则便是艰难的任务。因为很少有人足够坚忍。确实，当听到这样的口号时，很多员工会快速做一次心算并决定："这很有趣，但最好专注于安全的赌注。"这些人在被要求创新时回答"是"，但随后又说"我忙于日常工作"从而对自己缺乏进展进行合理化的粉饰。

采用实验性思维方式确实很有帮助。毕竟，如果一个"不成功"的实验能迅速使公司免于走入死胡同、浪费金钱，那么为其指明正确的方向将是一件非常有价值的事情。

关注真实发生的事

在如今的创业领域，众所周知，新企业可能拥有太多资源，因而最终造成浪费。因此，最好从小处着手并进行实验，以便在增加投资之前了解你所拥有的资源。正如我们在本章所看到的，除非你知道什么是有效的，否则你无法从有效之处开始。而要找出什么是有效的，你必须注意真实发生的情况。现在，让我们就此展开更详细的探讨。

第 7 章
原则五：留意真实

低风险创新

客户通常无法就想象的场景表达他们的需求或预测他们的购买行为，这一事实限制了传统市场研究的价值。我们在前一章的 Webvan 案例中看到了这一点，受访者声称自己对在线订购杂货充满热情，但后来证明事实并非如此。

在推出迪士尼商店时，迪士尼在一个闲置的电影拍摄场地上建造了一个仿真的商店样板，邀请人们进入，并观察真实发生的事情。这种未经过滤的方法——使用既有资源去探索可能的新未来，提供了比对外委托的访谈答复更好的信息。万豪集团在开发其分时度假别墅时也遵循了类似的路径，从较小的空间获得了比预测更高的收入。你也可以像这样寻找或设定情境，从而在真实发生的事情中发现有价值的见解。葛兰素史克[1]与伯明翰城市大学合作，使用增强现实[2]技术学习类似的经验。

---

[1] 英国葛兰素史克（GSK）是全球最大的药剂集团。GSK 由葛兰素威康和史克必成强强联合，于 2000 年 12 月成立。——译者注

[2] 增强现实（AR）是将真实世界信息和虚拟世界信息"无缝"集成的技术，广泛运用多种技术手段，将虚拟世界信息应用到真实世界中，从而实现对真实世界的"增强"。——译者注

第 7 章 原则五：留意真实

行为是最好的信息

迪士尼商店对孩子来说就像兴奋剂一样。我记得曾经和刚满四岁的侄女一起逛购物中心，在我们到达自动扶梯底部时，我们面对的是安-萨默斯的店面。这是一家内衣和成人用品连锁店，橱窗里还有衣不蔽体的人体模型。

我暗自祈祷："她可千万别问我这些啊！"

其实，我大可不必担心。因为它的隔壁就是迪士尼商店，我的侄女像热追踪导弹一般锁定了迪士尼商店。

迪士尼商店是如何实现这种效果的？迪士尼的人并没有通过询问小朋友想要什么来弄明白——毕竟，孩子们不太可能清楚地表达自己的喜好。相反，在董事会成员史蒂夫·乔布斯的建议下，公司在一个电影拍摄场地上建了一家迪士尼商店，并在测试设计和布局时观察孩子们，据此提出改进意见。公司意识到最好的信息是行为，而不是言语。

更多地关注人们做的事，而不是他们所说的话

成年客户在阐述他们的需求或预测他们在假设的未来场景中的购买行为方面，往往并不比孩子强。奥美集团副主席、

《炼金术：莫名的想法所隐藏的惊人力量》一书的作者罗里·萨瑟兰对我说，由于这个原因，许多市场研究非常具有误导性。

在你认定自己又碰上了一群胡言乱语的人之前，我先问你一个问题：你是否曾经说了一件事，但却又做了另一件事？当然！每个人都或多或少地存在这种情况。与我有过合作的一个行业协会习惯性地对成员们进行调研，以了解其活动计划应包括哪些内容。成员们会明确把讲座和实地考察排在优先地位，而不是社交聚会。这是有道理的——这样的活动有更多的职业价值，而且成员们都很有雄心。然而，有趣的是，夏天的烧烤活动参加的人总是特别多！这是很有趣的。

人们不善于预测他们在假设的情况下会做什么。客户、员工、供应商和竞争对手都是如此。人们很少会出于恶意这么做，但真实情况就是这样。然而，企业在收集信息时，往往会将话语等同于行动，这会让企业付出惨痛的代价。

人们并不是在撒谎……

孩子们在生活中很早就学会——也许他们只是偶然发现——他们可以做出的一个选择是为了效果而说，而不是为了

第 7 章 原则五：留意真实

传达真相。在电影《谎言的诞生》①中，通过瑞奇·热维斯（Ricky Gervais）塑造的角色我们也能得出类似结论。我们可以创造出对我们有用的效果，而这些效果是其他方式无法实现的。

彻头彻尾的谎言则是另一回事。当"说一套做一套"是出于取悦或避免冒犯提问者的时候，这对研究人员来说是一个更令人困惑的问题。而且，受访者往往相信他们的意图是做他们所说的事情，但随后他们的想法或情况发生了变化，他们做了别的事情。

因此，我们可以暂且把"说谎"一词理解为蓄意误导的尝试。重要的是，我们要认识到"说一套做一套"是人类社会生活中普遍存在的事实。

精心设计的心理学实验会注意把这种偏见考虑进去。这并不太容易。事实上，即使是在独立完成的调查中或在网络上被问到一个匿名问题，人们也可能会提供一个反映他们喜欢的自

---

① 影片于 2009 年上映，讲述了在一个本不知谎言为何物的世界中，人们正常工作、生活，所有人讲的每句话都是真话。一个刚经历失业、失恋且穷困潦倒的年轻人马克用一个谎言，让自己账户上的钱增加了，但是不明白谎言的人完全相信他。尝到甜头的马克开始利用这个秘密，他不停地说谎，以便谋取他想要的任何东西。随着马克的谎言越编越离谱，相信他的人越来越多，这让事情愈发不可收拾。——译者注

我形象的答案，而不是他们在实际情况下的行为方式。前述行业协会成员对烧烤活动的真实偏好与听起来有价值的调研结果相反，这种反差提供了一个有趣但很有说服力的例子。

这对你的业务意味着什么？当焦点小组①的受访者被问及可能的购买行为，或者他们将如何应对条款和条件的变化时，你怎么知道你得到了准确的信息？而且，如果你正在对一个直接报告人进行评估，而你对他们可能获得的报酬有影响，你又怎么知道你得到了准确的信息？这是否会对你用于客户和员工决策的信息产生不利的影响？当然会。

了解人们行为的最好指南就是他们的行为本身，这往往与他们所说的要做什么有很大的不同。

不要一味听从客户的意见

因此，尽管"倾听客户的意见"是个好建议，但这不全对。

---

① 焦点小组也称小组访谈，是社会科学研究中常用的质性研究方法。一般由一个经过专业训练的调查者主持，采用半结构化的方式（即预先设定部分访谈问题的方式），与一组被调查者交谈。小组访谈的主要目的是倾听被调查者对研究问题的看法。其优点在于，调查者常常可以从自由讨论中得到意想不到的发现。——译者注

第 7 章　原则五：留意真实

那么，这个建议有没有什么可取之处呢？企业很容易变得有点自大，并认为自己比客户懂更多。企业认为自己比客户懂更多是一个问题，对诸如汽车制造商、律师事务所、消费电子公司和软件公司等基于复杂专业知识的组织来说更是如此。

因此，倾听客户的意见似乎是有道理的，但为什么这不是故事的全部呢？正如亨利·福特所说的那样："如果我问人们想要什么，他们会说'一匹更快的马'。"

你可以基于你之前的购买经历来思考下面这个问题。对于现在你离不开的产品或服务，难道你在一开始没有产生过拒绝的想法吗？在你看到 iPad 之前，你就知道你想要一台 iPad 吗？我记得，多年来很多人都对拥有一部手机的想法嗤之以鼻！

客户对他们想要的东西只有部分的洞察力，他们对这类问题的回答是不可靠的。

所以，如果你不能自己判断出客户想要什么，也不能完全相信他们所说的话，那么你可以从哪里获得一些可靠的信息呢？答案是，你必须注意客户的实际行为。这正是我们在前一章讨论的实验的关键设计因素。

用四种方式关注客户真实行为

确保你的实验具有风险共担的性质。在上一章，我们探讨了使用实验来检验商业假设。现在，我们来看一看如何细化，这也是重要的一环。当你展示一个最小可行产品（MVP）时，仅仅询问客户"你会买这个吗"是不够的。你需要要求对方采取某种行动，让对方付出一些代价：也许是金钱、投资承诺，也许是他们的时间、声望。例如，当通用电气研发了一种在中国使用的简化超声扫描仪时，通用电气的人问医生："如果我们制造出这种扫描仪，您是否愿意写信给医院管理人员并建议他们购买？"这其实会使医生的声望处于危险之中。但如果潜在客户愿意与我们共担风险，则表明他们实际上是在做某事，而不是仅仅说他们会这么做。

建立检验模型。我们看到迪士尼如何在电影拍摄场地上建立一个仿真的商店样板，然后观察孩子们如何响应设置的各种调整。在 21 世纪初，万豪集团决定在其位于棕榈沙漠的绿荫岭度假村建造更多的分时度假别墅。集团想建造比现有的设计更小，但在某种程度上让人感觉更理想的别墅。主席比尔·马里奥特（Bill Marriott）在售楼处建了几个设计不同且相互独立的样板间。当潜在客户开始考虑购买时，销售人员并没有向他们展示现有别墅，而是将他们带到其中一个样板间以评估他们的反应。在 18～24 个月的时间里，万豪集团根据客户反馈不断重新设计样板间。集团最终选择了一种占地面积小10%的设计，但这仍然吸引了愿意支付比老式大面积别墅更多费用的客户。

将你的模型带入虚拟世界。葛兰素史克的消费者保健计划使它产生了实时观察实际情况的想法。其购物者科学实验室（SSL）调查购物者如何做出决定以及影响他们选择的因素。与迪士尼和万豪集团一样，这个实验室启用高度仿真的商店、超市或药房样板。而且该实验室还使用数字技术来支持其研究。例如，葛兰素史克向购物者发送"购物任务"，并使用移动眼追踪等工具分析客户的行为，然后可以将数据作为访谈提示，从而对购物者的决定形成更深入的洞察。葛兰素史克与伯明翰城市大学的数字媒体技术实验室合作，拓展使用增强现实技术的方法。公司构建虚拟的购物环境和产品，以便使自身能够更快、更灵活地检验新想法。

观察当前环境中的人。当然，你并不总是需要模型。很少有人关注日常活动中有关客户和员工的大量有用信息。高管们很容易切断与这些信息的关联，他们将大量时间花在会议、Zoom电话以及阅读报告和电子表格上。这个因素非常重要，值得单独讨论。

陷入现实泡沫

两条小鱼出去游泳。一条年长的鱼逆流而上,兴高采烈地问:"早安,小家伙们,这里的水怎么样啊?"一条小鱼扭过头来问它的同伴:"水到底是什么?"

鱼认为水是如此稀松平常的事物,以至于它们完全没有意识到水的存在。

傻瓜的天堂

在一家欧洲制造公司的英国分部,我听到总经理声称,除了卓越的工程技术和关键优势之外,真正让公司与众不同的因素是他们的服务质量。与此同时,他的团队和母公司代表也纷纷点头表示赞同。但是,当你与客户交谈时,客户告诉你服务部门傲慢且反应迟钝,希望客户适应他们的工作程序并遵循公司的时间表。

显然,这位总经理没有与客户交谈,只是出于方便而相信了他的销售人员和服务人员告诉他的故事。

第 7 章 原则五：留意真实

为什么高管通常并不好奇成为其客户是何体验

还记得电影《复制娇妻》①吗？（巧的是，我们在前一章讨论了该电影的编剧威廉·戈德曼的告诫——没有人能预测哪部电影将成为大热门。）这部影片的主角是一位年轻女性，她开始怀疑她的新邻居中那些木讷的家庭主妇是由她们的丈夫编程的机器人。事实证明，这种编程不仅仅发生在电影中，在客服呼叫中心也一直存在。

我曾经在我的银行对账单上发现了一笔神秘的大额提款。我表面上保持镇定，要求客服呼叫中心的客服解答这笔钱的去向。她用演唱般的声音回答说："对不起，目前无法告知相关信息。"我让她再查一次，过了一会儿得到了同样的结果，我越来越恐慌。顿了顿，这位客服继续说道："今天还有什么我可以帮您的吗？"

---

① 《复制娇妻》是派拉蒙影业公司制作发行的科幻喜剧片，该片于 2004 年在美国上映。影片讲述了年轻的乔安娜与老公从曼哈顿搬到有钱人聚居的斯戴佛，不久后却发现邻居太太一个个都不像人：她们太完美了，以至于缺乏情绪及个性，只有她新认识的好友芭比例外。她们两人开始调查邻居家庭的真相，竟发现她们的先生都串通好了，他们把自己的太太个个都换成卑躬屈膝、千依百顺的复制机器人。——译者注

……还有什么！

我吃了一惊，有些分心，答道："我想没有了……"她很快就回应了，照本宣科地像"被复制的娇妻"一样说道："感谢您致电我行。"

谢天谢地，那天晚些时候，这笔钱神奇地回到了我的账户；除了"这只是一个错误"之外，我没有得到其他任何解释。每当我讲这个故事时，都会有人点头、苦笑、承认，而他们给我讲的故事更是"有过之而无不及"。

这是我一生中最糟糕的一次客户体验。那么，在这样的环境中工作会是什么感觉？我猜想，那位"被复制的银行客服"最初做这份工作时是一个聪明、能言善辩的人，她也了解为客户服务的重要性。但是，银行已经通过训练，甚至强迫，让她至少在工作时表现得如此愚蠢。她整天所做的就是按照她电脑屏幕上的脚本进行答复，脚本会告诉她如何回应。脚本成为决策者，而她只要最终说出："今天还有什么我可以帮您的吗？"当最终得到"没有"的回答时，就算成功了，而不论她就来电者的实际情况处理到了何种程度。

这一定会让员工士气低落，而这也意味着客户体验的进一步恶化。

第 7 章 原则五：留意真实

高层领导者有没有给自家公司的客服呼叫中心打过电话？领导者获得的最便宜、最简单，甚至可以说是最好的信息渠道，就是购买自家公司的产品或服务。一个令人惊讶的数字表明，他们对于成为客户或客服的感受明显缺乏好奇心。

没有潜望镜的潜艇

二战开始时，法国的高级指挥部位于巴黎的文森城堡，它曾被一名参谋描述为"一艘没有潜望镜的潜艇"。由此导致的意识缺失让法国军队在面对闪电战时显得无能为力。

将军如此，商界领袖亦然。高管们的世界是由各种纪要、备忘录建构的，风险也源于此。他们很容易最终只与直接下属、董事会成员、投资者和顾问交流。在不知不觉中，他们很快就脱离了现实。

• 一位总经理非常震惊地在一本贸易杂志上读到他的头号竞争对手获得了一份他甚至都不知道可以投标的合同。他经营着一家在工程方面享有盛誉、实力雄厚的公司，但它在 B2B 市场中每年只获得 10～20 份合同。

• 另一位首席执行官一直要求工程师为商用建筑设计一种更薄的通风装置，得到的反馈却是这在物理学上绝不可能实现。想象一下，当他最终离开办公室去参加一个贸易展会时，他会惊讶地发现竞争对手正在展示"在物理学上绝不可能"的超薄通风装置。他在众目睽睽之下愤怒地踢翻了自己公司的展台。你可以想象他的恐惧和尴尬。竞争对手已经推出了该产品。如果现在才开始进入别人进入已久的领域，自己要多久才能成功？而且，更令人担忧的是，他们究竟落后于竞争对手多少？你可以合理地分析这个例子："如果自己公司的专家告诉你某事是不可能的，你会怎么做？"罗纳德·里根说得最好："相信并验证。"如果所谓的不可能真的具有变革性，或者如果客户持续地提出需求，那么你应该向相关学者或咨询工程师核实。

•我经常发现——而且，不幸的是，我也听过转型专家说过同样的话——对于企业面临的严峻挑战，解决方案很可能存在于一线员工、客户甚至行业记者的头脑中，但这些转型专家却从来没有被询问过这些重要问题。

没有必要为这一切寻求深刻的心理解释。尽管风险已经非常高，我们依然可以很容易地观察到人类将自己与现实隔绝开来的倾向。

第7章 原则五：留意真实

走出角落里的办公室，亲眼去看

我记得一位首席执行官告诉我，他最担心的是隔绝。不是情感上的隔绝，而是与真实信息的隔绝。他觉得自己被困在走廊尽头的高级办公室里，很难真正了解他的公司、他的客户，甚至更广阔的世界里正在发生的事情。他似乎比任何人都更了解董事会成员和投资者。所有信息都以报告的形式呈现他的面前。他的日程由别人安排，接触他的机会也被严格控制，尽管这都是出于好意。如果他冒险走出办公室进入走廊，他遇到的人会非常积极地强化他对世界的既有看法。

"而我应该是这里的负责人！"他半开玩笑地说。

他是一个特别聪明、有洞察力且风度翩翩的人。以上情况不是故意忽视或自满倾向导致的，但确实已经蔓延到他身上。

为了解决这个问题，我们把新近要拜访的人员和地点，以及要寻找的新经验列成清单，然后他就出发了。他拜访了设计师、学者（不仅包括商学院学者）、广告主管、TED 演讲者、计算机极客等。

他带着新的观点、新的活力、新的业务理念以及激励领导员工的新方法回来了。他又开始享受工作的乐趣了。

不仅仅是首席执行官,我们所有人都可能被封闭在我们自己的现实泡沫中。这会压制工作激情,而且随着技术变革步伐的加快,情况会变得更糟,隔绝正变得更加危险。

打破现实泡沫的七件事

根据你的业务性质,不同的策略有着不同的意义,因此请选择最符合你情况的策略。

1. 你可以拨打自己公司的客服电话,或访问自己公司的网站,进行一次报价、退货或投诉。*

2. 你可以效仿玛莎百货(M&S)① 处于鼎盛时期的传奇总裁席夫勋爵(Lord Sieff)②,暗访公司的一个分支机构。(席夫勋爵过去常常将自己打扮成流浪汉,观察他在公司门店是否会受到同情。)

---

* 有些人担心这是一种欺骗性行为。我认为,领导者更大的责任是促进公司的成功,这才是最有利于员工以及客户和股东的。问题的关键不是玩"捉弄人"的游戏——我当然反对这样。但是,如果不能确保你了解"实地"发生的真实情况,就是一种失职的表现。

① 玛莎百货(M&S)于 1884 年在英国成立,如今已成为英国最受欢迎的服装和食品零售商之一,在英国的女装、男装和内衣市场均处于领先地位。——译者注

② 英国著名企业家,20 世纪 30 年代加入玛莎百货,1972—1982 年任该公司总裁。——译者注

3. 购买竞争对手的产品或服务。艾伦·穆拉利在担任福特汽车公司的首席执行官时，他和他的管理团队曾每天开着福特在售车型或竞争对手车型的车上班。

4. 轮班工作。尤其是夜班，因为人们习惯了没有多少管理人员在场，所以你可能会得到一些有趣的惊喜（而且与你在白天出现相比，在晚上人们表现得更努力和更投入）。

5. 访问正在研究与你的业务相关的技术的大学，或关注任何在媒体上大肆宣传的相关技术。一般来说，相关人员会很高兴与你交流，并可能以具有成本效益的方式帮你解决研发问题。

6. 花时间与各种各样的实习生聊天。与聘请顾问进行焦点小组讨论相比，你通常可以以这种方式获得更多关于消费者行为的见解；此外，你还可以了解实习生认为很酷的技术和社交媒体的发展趋势。

7. 与来自不相关行业的领导者一起参加圆桌会议。

哪些才是切实有效的方面？持续增进它

几年前，我选修了一门教练技能课程，课程持续了几个周末。我的一个同班学员——姑且叫他约翰——是诺丁汉森林学院的一名足球教练。约翰在指导崭露头角的足球运动员方面非常有经验，他希望将自己的技能转移到企业的绩效指导中。他儿子是博尔顿流浪者足球俱乐部青年队的，大多数星期天都在参加比赛，所以我无意中听到了赛后约翰和他儿子的电话。约翰处理这些电话的方式非常具有启发性。他并不特别关心比赛的结果，毕竟谁在乎博尔顿流浪者足球俱乐部青年队是否击败了斯托克城足球俱乐部青年队呢？他想做的是最大限度地提高儿子成为职业球员的机会——这就是目标。对他来说，青年队的比赛本质上是实验。在分析这些实验时，约翰总是问他儿子三个问题："你做对了什么？""你比上次做得更好的是什么？""你接下来要做什么？"他引导儿子专注于正取得成效的地方，并计划下一次在这个方面发挥更大作用。

将此方法与通常称为"反馈"的方法进行对比。通常情况下，反馈法充其量是意见，会造成不真实甚至依赖性。典型的交流方式可能如下：

经理："这是一次很棒的演示。"

员工："谢谢。"

经理祝贺并表扬后就离开了。但是，员工真的学到了什么可以用于改进的东西吗？

第 7 章 原则五：留意真实

考虑那些要求你做以下事情的"反馈表"：

你如何评价玛丽的工作态度？　（1 2 3 4 5）

你如何评价会议的内容？　　　（1 2 3 4 5）

我们做得怎么样？　　　　　　（1 2 3 4 5）

人们应该怎样利用这些数字呢？评价对象应如何调整他们的行为以求进一步改善？

什么是真正的反馈，什么不是？

真正的反馈是导向性的信息，而不仅仅是意见、评价或判断。设想一个水手把手放在舵柄上，通过使桅杆与恒星保持某种一致来保持航向。船不断被风和海浪改变方向。桅杆和恒星之间的视觉间隙就是反馈给水手的信息，水手通过不断采取行动来缩小这种间隙。正是这种反馈过程使成功导航成为可能。

海因茨·冯·福斯特（Heinz von Foerster）[①] 将反馈定义为"一个系统所输出的内容部分地返回系统，从而改变下一次的输入"。换句话说，当恒星相对于桅杆向左漂移时，就是在反

[①] 海因茨·冯·福斯特是奥地利物理学家、控制论家和哲学家。他也是控制论的先驱之一。控制论是关于有效的组织、控制、调节和沟通的跨学科研究。——译者注

馈桨太向右了。水手可以识别他的行为（他掌舵的方式）及其对世界的影响（恒星相对而言向左漂移），并做出相应的调整。

船长可以整晚站在水手旁边说"这很好"，或者"那很糟糕"，又或者"我认为你勉强是名合格的舵手"，但这无助于提升水手的水平。当局者必须认识到自己的行为及其对世界的影响。

让我们回到前文经理给演示者的反馈的例子。正如我们所说的，告诉演示者"你做了一次非常好的演示"并不能告诉她多少可供她使用的经验。而如果你根据实际发生的情况提供反馈呢？例如：

> 你从一个引人入胜且相关的故事开始，当你这样做时，人们开始向你靠拢并跟随你的讲解。不过，他们坐在后面，不太注意那张包含所有要点的幻灯片。最后，你简洁地总结了所有信息，这引发了热烈的讨论并且形成了明确的决定。

现在，演示者获取了导向性的信息。这位经理像培训师一样，将演示者的注意力吸引到了有效的方面上，并为将来进一步的改善而强化了其作用。同样，演示者对此有了清晰的想法。

第7章 原则五：留意真实

将注意力集中于真实发生的事情是获得强大反馈和加速表现改进的必由之路。这种表现就像前文提到的演示者一样，可以是个人的，当然也可以是组织的。"孩子们喜欢迪士尼商店样板"，这当然是个很好的反馈，但它并没有告诉你要保留什么、要调整什么。

三个反馈问题

以下是我从足球教练约翰那里学到的三个问题：

1. 我（或我们，或你）做了什么？
2. 在什么方面比上次做得更好？
3. 我（或我们，或你）接下来想做什么？

请注意前两个问题如何将注意力集中于真实发生的事情。它们看似简单，但我希望你能认真地尝试做出回答。它们十分有用，既可以使你的大脑继续专注于正在起作用的事情，又可以提醒你的大脑以尽可能有建设性的方式框定令人失望的结果。其实，第二个问题才是绩效提升的加速器，因为它鼓励更多地发挥有效方面的作用，按字面意思就是"大获成功"。

三个反馈问题非常适合在取得重要成果之后提出，例如进行了一次演示、打了一通销售电话或进行了一次创新实验。在一天、一周、一个月甚至一年结束时主动提出这三个问题，以创造持续的进步和成长过程，那么它们的作用就更加强大了。

表 7.1 中的练习结合了这些时间范围，我在培训和辅导客户时喜欢定期使用这种方法。

表 7.1 四个时间范围内的三个反馈问题

	当下？	上周？	上个月？	去年？
1. 已做的……				
	昨天以来？	上周以来？	上个月以来？	去年以来？
2. 已改进的……				
	明天？	下周？	下个月？	明年？
3. 下一步最有价值的……				

你可以轻松了解如何与其他人一起使用它。不妨现在就尝试一下：挑选三个人，告知他们正在做的哪些方面是有效的、哪些方面需要改进，并建议下一步做什么。这三个反馈问题为你提供了一种简单、快速和实用的方法，以便你着眼于正在取得成效的方面，并做出改进。

关注真实发生之事所产生的力量

之前，我在阿姆斯特丹与同事会面，讨论设计思维在创新

第 7 章　原则五：留意真实

中的作用。办完事后，我从该市的史基浦机场返回英国。

我在飞行前喜欢吃些东西，我很失望地看到护照检查处排起了长队。我看到前面排了 40 多个人，想想能否估算出要等待的时间。护照检查是完全自动化的：三个通道，每个通道都有一台护照扫描仪、一个摄像头和一扇自动门。大多数人都在应对护照扫描仪，看起来我仍然要等待一段时间。

然后，我注意到了一些意想不到的事情。虽然有三个通道，但只有两列队伍。没有人排在 2 号通道。我想知道是不是机器坏了，但远远看着似乎没有什么问题。它显示了与其他两台机器相同的绿灯。但也许我遗漏了一些信息。

我犹豫着走在两列长长的队伍之间。我确信我即将被人阻止，但没有人说一句话。我走近机器，专心地寻找停止服务的迹象。但看起来还不错，机器没有出故障。

我把护照放在护照扫描仪上。几盏灯闪烁，但自动门仍然关闭。我想："如果我忽视了一个大号的提醒标志，上面写着 2 号通道已经停止服务，那就太尴尬了。"

但紧接着，自动门打开了！我出来后一边自言自语，一边忙着找餐厅，我身后的人则继续等待。有些人可能不知道 2 号通道没人在排队，他们就像坐上了自动驾驶汽车而不想去寻找其他出路。

也许有些人是因时差问题而困顿不堪。但是，我认为更多的人看到并考虑要走向那条没人在排队的通道，但却没有说服自己去做进一步的调查。他们认定，因为其他人没在使用这条通道，所以其中一定有一些隐藏的问题。尽管他们感觉2号通道似乎可以使用，但他们不会冒着看起来愚蠢的风险去确定机会是否真的存在。

当然，企业也是这样的。它们为求安全而互相模仿，但当它们的策略趋同时，它们就会为此付出代价。这就是为什么汽车、手机等如此多的产品看起来都是一样的，以及为什么相互竞争的企业让客户倍受同样的自动消息的骚扰（如"装袋区有意外物品""您的电话对我们很重要"等）。

缺乏想象力的价格战就是这样开始的。这也使得人们错过或抓住了很多大的机遇。还记得你过去不得不提着沉重的行李箱穿过机场吗？有多少箱包制造商想过在行李箱上装轮子，但没有付诸实践？直到1972年，伯纳德·萨多（Bernard Sadow）才在世界范围内首先获得了轮式手提箱的专利。虽然这在现在看来不可思议，但一开始实施这个想法就遇到了很多阻力。当人们在做其他事情时，你需要对自己的感觉充满信心，并愿意检验这些感觉似乎在告诉你的事情。

"但这就是机会所在。"我提醒自己。

当然,关注真实发生的事情是一回事。由此带来的问题是"其中哪些事情是真正重要的?"让我们在下一章讨论这个问题。

第8章
原则六：找出关键少数

低风险创新

最糟糕的浪费是做一些对你的观众、客户或员工没有影响的事情，而且你还把这些做得非常好。专家很容易陷入这样一个陷阱，他们根据自己对需求的看法构建产品、设计服务，最终添加了客户不喜欢的功能。负责组织发展的顾问举办精心安排的培训研讨会，将大量从未应用过的资料填充其中。矫正之法在于提出这样的疑问："我们在哪些无关轻重的事情上卖力工作？"

胜券在握才是关键所在

故事发生在 1955 年曼彻斯特基督教青年会（YMCA）[①]。乒乓球俱乐部有四张桌子。初学者从 4 号桌开始，如果赢了比赛就可以晋级。前三轮的最终胜利者得以站到 1 号桌。1 号桌球员的级别很高，这些球员都是全国青少年冠军赛的角逐者：年轻、健康，对自己的装备很认真，穿着完美的白色球服。

[①] 全球最大的青年慈善组织之一，于 19 世纪 40 年代成立于英国，如今拥有 1.2 亿名会员，活动遍及 120 个国家。——译者注

第 8 章 原则六：找出关键少数

某天下午，有个至少 40 岁的"老家伙"走了进来。他穿着长裤、衬衫，打着领带，还戴着牙套！他甚至没有穿运动鞋，只穿了双破旧的粗革皮鞋。当他站到 1 号桌前时，他扬起了眉毛。他还想借一副球拍，这确实让人有些忍俊不禁。

冠军午饭后就上场了，并迅速击败了所有到场者。这个老家伙却把年轻的冠军打得落花流水，他还在球桌边待了两个小时，因为其他人都想试试运气。然后，他看了看手表，向借给他球拍的人道谢，最后缓步走向门口。

"刚刚发生了什么事？"其中一名年轻的球员问道。

年轻选手的教练半小时前就偷偷入场了，他一直带着愉悦的心情观看比赛。"哦，他是米勒先生，曾经代表英格兰队出战。我猜这就是胜券在握，球拍对他来说并不重要。"

只有某些事情才是关键所在

有多少时候，即使是表现最好的人所做的也仅仅是常规之事，对结果几乎不会产生太大的影响？前文描述的是个真实的故事，我父亲经历了其中的乐趣。这个故事展示了内心充满热爱的业余运动员和业余音乐人最终会弄清楚的道理——真正的成功因素不是从外部引入的，你必须从内部开发它们（见表

8.1)。

表 8.1 核心的区别：打乒乓球

常规观点		现实	
无足轻重	举足轻重	无足轻重	举足轻重
智慧	自己的球拍、得体的运动服	戴牙套、穿休闲鞋、观众的支持	技术、经验

我曾与一位客户讨论过这个问题。对于天真的装备狂热分子所面临的问题，他总结为"武装到位，但缺乏头脑"。恰当的装备无疑有所帮助，但并非"胜券"。同样，回到第 1 章中足球俱乐部的例子，签约世界上最好的前锋本身并不会对赢得比赛所需的团队合作有太大帮助。

最糟糕的浪费

你不需要任何远见卓识就能辨别出业务存在的类似问题。例如：

• 臃肿的软件包。这些软件承载了大多数人从未了解过的功能，更不用说使用了。它们还造成了计算机运行缓慢、内存的额外浪费，并且由于其复杂性，计算机很容易被锁定或崩溃。

第8章 原则六：找出关键少数

- 市场上充斥着无差别的产品。在定义"好是什么样子"时，人们很容易随波逐流。但是，有多少标准的外部因素可以真正影响结果，而又有多少只是通行的做法？人们花了多少时间去模仿别人所说的"最佳做法"，却只收获了微不足道的效果？一家汽车制造商将多个品牌的家用汽车排列在一起，所有的汽车都是银色的。其中之一是这家制造商生产的，其他的则是由竞争对手生产的。这家汽车制造商的工作人员取下了所有的汽车标志。没有这些标志，连制造商自己都无法将自己的车型与其他车型区分开来。

- 过度设计的硬件。有些产品对设计它们的工程师来说可能真的很酷，但那些尖端设计实际上却无用武之地。我们同样可以在汽车行业找到证据。我和任何人一样都喜欢赛道日（track day）①，但我们想一想，有些汽车性能属于违规设计，危险性高，而且也超出了大多数购车者在驾驶中的需要，因而是一种浪费。回想第3章的卡车案例：工程师痴迷于发动机效

---

① 赛道日一般是指车主们集体包下赛车场的赛道，在包场时间段内任意使用赛道，开展丰富的体验活动。这最初仅是国外汽车品牌的宣传活动形式，现在则逐渐大众化，成为车主们互相交流、提高驾驶技巧、体验赛道乐趣的集体活动。当然，这种大众性的赛车活动比专业车手的正规比赛的门槛更低，对个人技术、汽车性能没有那么高的要求。——译者注

率的小幅提升，但运输公司想要舒适的座椅，这样高薪聘请的司机因背痛休假在家却仍然可以领取工资的现象就会减少（见表 8.2）。

表 8.2　核心的区别：卡车

常规观点		现实	
无足轻重	举足轻重	无足轻重	举足轻重
座椅	对已经非常出色的动力配置进行细微的升级	动力效率方面的小幅改善	人体工程学座椅

较低的性能可能更有价值

多年来，通用电气一直试图在中国销售高级超声扫描仪。由于中国 90% 的医院都没有足够的偿付能力，尽管通用电气历经十年努力，该仪器的销售额却只有 500 万美元，实在是令人不满意。

为扭转局面，该公司专门为中国市场设计了一款超声扫描仪。新产品专注于重要的基本性能，而且是手持便携式的，售价为 1.5 万美元，仅为原产品的 10%。诚然，它的性能不如原产品，但价格实惠、便于携带和使用。从 2002 年到 2008 年，

第 8 章 原则六：找出关键少数

通用电气在中国的超声扫描仪销售额从 500 万美元增长到近 3 亿美元。

后来，这个故事又出现了一个有趣的转折：事实证明，发达市场的人们也喜欢精简的超声扫描仪。通用电气如今也在美国和其他发达国家销售这类扫描仪，在救护车和手术室内使用，而这些在以前是未被开发的市场。高级超声扫描仪的设计过于复杂，因此在这些场合并不实用。* 这正如我经常在演讲中说的：决定产品价值的是用户，而不是技术人员或管理者。

需要注意的事项如下：

• 在向客户交付的产品中，哪些功能、附加性能是他们没有注意到或根本不关心的，却增加了我们的成本？

• 我们对客户通过使用我们的产品或服务试图完成的工作有何了解？我们对客户的标准的了解程度如何？

• 我们的技术人员是否沉迷于发挥自身所长而不是满足客户的要求？

• 我们如何通过从我们的产品中删除功能来体现自己的特征？我们甚至可以根据"少即是多"的原则来获得超额收

---

* 这是节俭创新的典型例子。参见纳维·拉朱（Navi Radjou）和贾迪普·普拉布（Jaideep Prabhu）合著的《节俭创新》。

低风险创新

益吗?

客户的需求可能比你想象的要少

一个客服呼叫中心的客户满意度低得令人担忧。该中心的经理尝试了各种方法来解决问题。他尝试了培训计划、激励计划和更为巧妙的客服通话脚本。他希望这些措施能够产生"最佳做法"并"驱动"行为。然而这些都是无效的,因为"驱动"行为的努力往往是无效的。

我的一位同事将注意力从接线员的角度转移到客户的角度。他询问——客户讨厌客服呼叫中心的哪些方面。答案没有提供令人吃惊的见解——他们讨厌:

1. 接线员接电话时的背景音乐。

2. 事实上,当接线员当时无法解答问题时,他们会说稍后回电,但其实并没有。

解决方案就是把这两件事扭转过来。于是,就有:

1. 为客服提供对演员进行的那种基本语音训练,教客服使用听起来让人感觉温暖、低沉的语调,而不是播放烦人的音乐。

2. 确保客服为回电做出了明确的约定并履行承诺。

事情就是这么简单。通过关注客户在意的两件事,客户满意度得以全面改观。早期所有关于激励计划和巧妙脚本的工作都是无关紧要的。

当少即是多时

"少即是多"是一种陈词滥调式的口号,但这是有原因的,即它往往指向正确的道路。然而,少并不总是多。图 8.1 有助于我们解决问题。

	少即是多 一针见血 节俭创新 优雅的极简主义	多即是多 更多的投入会导致更多的产出,最好是产出的增长幅度大于投入 参考第 3 章的利润放大案例
	多即是少 臃肿的软件 弄巧成拙	少即是少 偷工减料 降低投入质量

纵轴:多(上)少(下);横轴:少(左)多(右)

图 8.1 当少即是多时

通用电气超声扫描仪的故事是节俭创新的一个例子。"节俭创新"本是纳维·拉朱、贾迪普·普拉布合著的一本鼓舞人心的书的书名。拉朱和普拉布讲述了新兴市场中创新思维者的精彩故事,这些创新思维者用有限的资源创造了高质量的产品。拉朱和普拉布展示了被他们称为 jugaad① 的实践方式。jugaad是一个印地语单词，意思是"源于独创性和聪明才智的即兴解决方案"。这种实践方式揭示了如何实现创造性增长，并提供减少浪费、增强可持续性和提高利润的机会，这不仅适用于新兴市场，也适用于发达经济体。

在阅读《朴素式创新》一书的第二天，我为慈善机构的首席执行官举办了一场研讨会，讨论如何从既有资源开始。我用第3章中的"洗车"范式为参与者提供了一个练习：他们必须形成系列选项1、2、3等，这将为受益人和资助者带来越来越多的价值，同时增加慈善机构的盈余，并以此进行再投资。

当这些首席执行官尝试进行练习时，我又回想起一直在读的《朴素式创新》。他们完成练习后，我说："用于慈善的资源总是有限的，所以现在让我们尝试进行一些'朴素式创新'吧。"让我们构思一个"选项0"，就从真实的洗车服务开始。

---

① 见《朴素式创新》，该书提出了朴素式创新这一重要的创新模式，阐述了朴素式创新的六大原则——在逆境中寻找机会；做到以少博多；灵活地思考和行动；保持简单；服务边缘客户；遵从你的内心。这一创新模式具有重大的推广价值和应用价值。——译者注

第 8 章 原则六：找出关键少数

"我们该怎么做呢？"

"既然选项 2 是在选项 1 的基础上加入一些元素形成的，那么选项 0 就必须在选项 1 的基础上扣减一些元素。"

"但选项 1 中的元素就只是清洗剂和水。"

"那就把水这个元素去掉。"

大家对此普遍持怀疑态度。我试图做些调整："好吧，也许这对洗车来说是不可行的，但我们可以在你们的慈善组织中尝试一下，看看会发生什么。"

这些首席执行官有点不情愿地转向他们的任务。

与此同时，我也很好奇，所以我用谷歌浏览器搜索了"无水洗车"。令我高兴的是，我在亚马逊上发现了一款名为"生态接触"（Eco-Touch）的印度产品。一罐 Eco-Touch 喷雾罐可以洗 10 次车，而且由于该配方可降解且无水，因此相较于多雨的英国，对水资源更为稀缺的国家来说，该产品实际上符合生态友好型产品的理念。

当然，当我向小组宣布我的发现时，我有点沾沾自喜。但是，构建选项 0 的方法一直是我的技能之一，我偶尔会使用这个方法来作为"洗车"范式的一个非常有用的补充。详见表 8.3。

表 8.3　选项 0

元素	泡沫	冲洗	水枪	清洗底盘	干燥	打蜡	价值	价格
3	√	√	√	√	√	√	洁净如新	8英镑
2	√	√	√	√			深度清洁	6英镑
1	√	√					基本清洁	4英镑
0	√						以节约用水的方式做基本清洁	10英镑 10次清洁

练习——选项 0

步骤如下：

• 使用"洗车"范式，将你现有的产品之一作为选项 1（参阅第 4 章的提示）。

• 一定要探索选项 2、3（甚至是选项 4、5 和 6），以拓展你对自身可以提供什么以及客户将从中获得什么价值的想法。

• 现在尝试从各个选项中删除明显的关键元素——这表明了什么想法？

• 你如何在外部检验这些想法？

第 8 章 原则六：找出关键少数

七种方法找到关键少数

你一旦进入了正确的心智模式，就有很多方法可以了解真正具有影响力的因素。这里列出了七种方法供你考虑。

必须回答"那又怎样？"

添加客户不在意的功能是一种可怕的浪费。客户只有在能够将其与替代品区分开时，才会更喜欢某样东西。我们在书中遇到过这样的例子。

• 我们之前讨论过的汽车制造商，它的工作人员将许多竞争对手的银色车型排在一起，然后摘掉了汽车标志。事实证明，该制造商的工作人员都无法识别出自家品牌的汽车。想一想，汽车的设计必然存在着浪费。

• 燃料运输商对卡车设计中的技术差异不感兴趣。虽然这些对工程师来说是令人兴奋的，但燃料运输商所关心的是座椅的人体工程学和高度可用性。曼恩卡车集团意识到了这一点并获得了竞争优势。

• 《泰晤士报》为其订阅者提供了如此多的选择，以至于潜在客户认为这一切都是噪声，而直接放弃了订阅。奥美集团将这些复杂的选择重新设计为三个明确的备选项，使得《泰晤士报》的订阅量猛增。

有些工程师绝对反感我在这里告诉你们的信息。他们所痴迷的功能设计可能与客户的购买决定或持续的满意度完全无关。同样，想想流行的文字处理软件中未被使用的功能，这背后都有着复杂的计算机代码。有人投入了大量的时间，有人投入了大量的金钱，但最终却都是徒劳。

那么，我们该做什么呢？

• 你要不断诘问"那又怎样，所以呢，那又怎样？"，直到这让你感觉不舒服。我使用"那又怎样？"的问题来"折磨"痴迷于添加不必要功能的工程师。我通常会尝试放缓口气说："所以，我很清楚这项功能满足用户的什么需求了吗？"令人惊讶的是，他们很难找到答案（见第 2 章的"被困在现有框架中"）。

• 检验关于差异值的假设。应用第 6 章的方法来检验假设，例如"客户将能够分辨出差异"和"客户会关心差异"。

最终，唯一有价值的差异就是那些对用户产生影响的差异。

第 8 章　原则六：找出关键少数

抵挡复杂诱惑

小时候，我记得有一次我被允许熬夜到超过 9 点，观看阿波罗登月直播。成年后，我对登月计划的内容有了更多的了解，并且在华盛顿特区的史密森尼美国艺术博物馆看到了登月舱，我觉得阿波罗登月计划实际上比当时更令人难以置信！

美国赢得了那场特殊的太空竞赛。但总体而言，苏联的计划同样令人印象深刻，并且由于资金不足，它提供了在资源有限条件下进行创新的发人深省的视角。一个很棒的故事是，在 20 世纪 60 年代，美国国家航空航天局（NASA）花费数百万美元开发了一种可以在零重力下书写的笔，而苏联的主管部门只是给宇航员铅笔。我以为这个故事是真实的，但刊登在《科学美国人》上的一篇文章称这只是一个传说。然而，它仍然提出了一个很好的观点，并且确实抓住了苏联方法的一些特点。一份来自英国广播公司（BBC）通讯员的报告显示，苏联实施太空计划经常不得不依靠独创性而不是资金。如今，俄罗斯的太空技术是复杂技术和实用的低端技术的强大组合。例如，BBC 记者这样报道：

低风险创新

为了与空间站对接，联盟号①指挥官使用了一款从侧面伸出的光学潜望镜。

记者问道："为什么不用相机？"

指挥官则回答："为什么要复杂化？"

对结果的关注而不是对技术诱惑的关注无疑是联盟号稳健运行的核心。毕竟，联盟号早在1966年就完成设计，并且能在暴风雪的气候条件下发射。相比之下，虽然美国的航天器无疑是一项了不起的成就，但它却可能因风的干扰而推迟发射。

对尖端技术或实用主义的追求各国概莫能外。然而，似乎确实存在着一种普遍的诱惑，人们倾向于使用最先进的技术，即使有更简单、成本更低、风险更低且更可靠的方法来获得相同的结果。

那么，对于业务流程和产品的设计呢？有多少臃肿的产品组合处于一系列紧密的价格范围内，但所提供的变化却是客户难以理解的，而其不同之处仅仅在于那些不必要的额外功能？我们需要认真反思，在任何业务中存在着多少技术和方法上的

---

① 联盟号飞船是苏联设计的一款载人飞船。——译者注

矫枉过正。

赢得"无需天赋"的战斗

我的同事克雷格·普雷斯顿（Craig Preston）是一位优秀的培训师。他是桑赫斯特皇家军事学院的毕业生，之后留校工作。他曾在后勤、金融服务和精英体育领域担任过行政职务，包括担任橄榄球联盟的第一任成员发展主管。他还参加了全爱尔兰联赛的高级橄榄球比赛。

克雷格曾和我讨论我与阿斯顿维拉足球俱乐部前首席执行官保罗·福克纳的谈话。保罗一开始就认同从既有资源开始的理念，他说这就像经营一家足球俱乐部。

克雷格将这个概念与管理橄榄球联盟联系起来。埃克塞特酋长队已经成为一支举足轻重的球队，这不是因为个别超级巨星，而是因为教练罗伯·亨特（Rob Hunter）所强调的——确保球队在橄榄球比赛的所有因素中是最好的，而这些因素并不需要天赋。例如，比其他球队能更快地从地上站起来并进入状态，比其他球队更健康、获得的营养更好。用亨特的话来说就是："我们赢得了无需天赋的战斗"。

克雷格后来反思了自己当时在全爱尔兰联赛中的经历。

奇怪的是，这是我参加过的最简单的橄榄球比赛。因为我可以预测并依赖我队友的行为，所以我可以计划自己的比赛。我能准确而迅速地知道如果球飞到半场，队友会带球或传球。所以我可以在此基础上采取行动，并预知将会发生什么。

如果停留在较低级别的橄榄球比赛概念上，我会想：他会踢球吗？他会等待几秒钟来做出正确的决定吗？他会踢个"臭球"吗？这一切都会在团队中制造疑虑，减慢你自己的行动和决策，并让队员处于不利地位。当然，在军队中也是如此。

在企业内部也是如此。如果每个人都同意在星期五之前完成大量工作，以便在星期一进行推介，你能指望它发生吗？它能发挥巨大的作用。准点、按时完成、会前阅读资料、履行承诺等因素……这些很少依赖天赋或根本不需要天赋。实际上，任何人都可以就这些因素做出改进。然而，如果没有这些因素，天赋也无用武之地。

向王牌飞行员学习

我非常钦佩约翰·博伊德（John Boyd）上校。他是一名

第 8 章　原则六：找出关键少数

战斗机王牌飞行员、战斗机缠斗教官、工程师、军事战略家、科学史家，并且在军事界和商业界产生了不为人知的影响。我高度评价并向大家推荐罗伯特·科拉姆（Robert Coram）写的关于博伊德的传记。*

博伊德曾被请来就喷气式战斗机（这架飞机就是后来的F-16）发动机项目提供咨询。工程师团队在试图将自己最喜欢的三种发动机合并成一项设计时遭遇了巨大的困难。他们的假设基于的是早期项目，因此无法以一种可行的方式调整想法。他们要制造的发动机会因太重且功率太低而无法支持喷气式战斗机起飞，更不用说满足缠斗式战斗机所需的性能了。一切都太复杂了，关于如何取舍的争论一直在进行。

博伊德是一个极有魅力的人，在陷入胶着时，他一针见血地指出："让我们假设喷气式发动机只是一根管道。冷空气从前方吸入，热空气从后方喷出——我们称之为推力。至于两者之间会发生什么，这是无关紧要的。"

这样，大家就从之前的假设和争论中解脱了出来，并开始生产超过所需性能标准的发动机（见图 8.2）。

---

*　见罗伯特·科拉姆所著的《博伊德：改变了战争艺术的战斗机飞行员》。

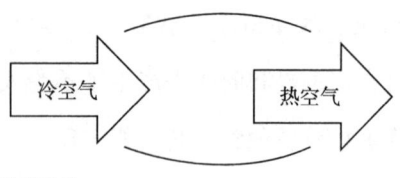

必须满足：
冷空气从前方吸入，热空气从后方喷出
需要满足：
23 000～30 000 lbf① 的推力
油耗优于 90（lb/h）/lbf
推重比为 7.8∶1

图 8.2　博伊德设计喷气式发动机的方法

你也可以使用相同的模式重新设计产品、服务或业务模型：

1. 重新关注你试图满足的需求，列出作为解决方案的绝对最低要求，需要的投入、产出。此列表应尽可能短。

2. 除此之外，考虑还有什么需求是真实的，诸如绝对产出水平、投入产出比、合适的投资回报率衡量标准等。此列表也应尽可能短。

3. 考虑哪些是你"想要拥有"和"喜欢拥有"的，而它们伪装成了"必须拥有"的。此列表要比真正"必须拥有"的要

---

① lbf 是力的单位，1 lbf＝4.45 N；lb 是重量单位，1 lb＝0.454kg。——译者注

长，要确保每个人都照此方法穷尽所有条目。

4. 抛开非必要项，只聚焦于基本功能和必需项（即你对步骤1和步骤2的回答），拿出一张白纸，开始设计。

5. 尽可能长时间地保护你的新设计不受第三份列表中任何因素的影响。

让每个人都关注投资回报率

形形色色的政客会告诉你，他们在特定战略领域（通常是健康、教育或治安）投入了多少资金，从而试图让你相信他们的价值。但人们很少听到他们谈论他们从额外的资金中收获的更大价值。更不用说他们如此慷慨"给予"的钱一开始就不是他们的——这从根本上就是令人迷惑的，而且政客不愿意就此努力向公众澄清。

考虑全局对政客来说似乎总是十分不便的，他们更愿意选择故事中最讨人喜欢的部分。将荣誉归功于努力（尤其是其他人的努力）而非结果总是要容易得多。

商界人士可能很容易对此嗤之以鼻，毕竟，做生意就是为了结果，对吧？

事实上，商界人士也会混淆输入和输出。

专栏 8.1

让每个人都关注投资回报率——一些要考虑的问题

你上次报告的实际营销成本是如何产生的？

• 是否达到了你所追求的战略目标需要花费的金额？

• 你是否在寻找可以为你带来最大收益的理念，然后据此分配资金？

这笔花费是否是前一年做出的分配，因而对你的营销潜力产生了很大的限制？例如：

• 你是否在年中开发了一个有着出人意料的高投资回报率的潜在项目（理想的产出），但是你无法及时增加投资以利用这一优势？

• 是否因为人们有固定的预算，所以他们一开始就不愿意尝试更有效的项目？

• 你的整体营销重点是否包含一个至少已经过时一年半的策略？

那么，其他领域如何呢？

• 你是否给了你的研发人员一个固定的预算，然后他们会用尽预算去找到任何课程、项目和备受追捧的培训师？或者你是否从你的商业模式所需的行为和技能开始，然后弄明白如何

第 8 章 原则六:找出关键少数

最有效地创造它们?

- 类似的"逻辑"是否适用于诸如 IT 和研发等其他领域?

人们总是绞尽脑汁花完他们分配到的预算。相比之下,我知道一些企业通过训练每个人提出并回答以下简单的问题来回应任何资金要求,从而取得了显著的成果。这个问题是:"这项投资的回报率是多少?"

而且我不只是在谈论大型项目评估,我说的是每一个资金要求:津贴,费用报销,参加现场会议,购买小工具、软件、回形针,等等。

问题的关键不是要阻止人们支出。重点是鼓励采用投资回报率的思维,这在所有层面都是可能的。你越鼓励这种思维方式,它就越会成为一种习惯,进而影响争论和决策的整体质量。

试一试:起初人们可能会大吃一惊,当你问"这样做有怎样的回报?"时他们很难回答。但如果你坚持下去,并稍加指导,他们就会开始如你所愿,并且提出令你无法拒绝的好主意。

低风险创新

持续关注输出……

人们通常认为当他们完成输入后,他们的工作就完成了。但其实成功与输出有关。

如果你去看喜剧表演,你不会在乎工作人员在编剧和练习上付出了多少努力。你在乎的是你的欢笑。如果最终你不笑,那么工作人员投入大量时间和金钱来努力创作这部喜剧就失去了意义。

不管出于什么原因——也许教育工作者过多地表扬展示作业的学生,即使他们的答案是错误的;也许人们能够将"但我尽力了"作为一个差强人意的借口;也许存在一种残留的清教主义,它要求人们重视努力本身的价值——事实上人们关注的是输出。

在商业环境中,我考虑的输入类型可能是:

- 每天打 20 个销售电话(输出将是实际的盈利销售)。
- 实施新的绩效管理 IT 系统(输出将是更高的绩效、更容易晋升的人)。
- 编写报告和制作演示文稿(输出可以是做出正确的决定并获得对后续行动的支持)。

这不仅关乎个人生产力，还关乎整个团队和组织：我看到的大多数会议议程都是问题清单，而"问题"就是输入。

因此，如果你领导一个团队或组织，你面临的挑战在于让每个人都专注于输出。以下是三种最快捷的方法：

• 如果你必须召开会议，那么与其制定包含一长串问题的清单，不如制定一份非常简短的目标清单，并列出达成既定目标的清晰的证据标准。例如：

➢ 目标：决定追求三个新产品创意中的哪一个。

➢ 证据：安排一个指定的人管理项目，初始预算已经分配好，并且确定了做初始进度报告的日期和时间安排。

• 分配产生结果的责任，而不仅仅是遵循流程中的一系列步骤。

• 确保得出结果的人比那些仅仅完成检查表规定事项的人得到明显的认可和奖励。奖励并不必然总是财务上的。更有趣的任务、高水平的指导或晋升会极大地鼓舞你正在寻找的人。

区分真正的优先事项和自以为的优先事项

我曾经以观察员的身份参加了一家陷入困境的媒体公司的董事会会议。董事长是一位坚韧如铁的转型专家。

我清楚地记得他不再按照演示文稿阐述，转而对董事会其他成员责备道："我们已经就新产品讨论了近 18 个月，但没见任何成果。"

董事们扭扭捏捏地回答道："这仍然是一个优先事项，但是……"

董事长双手抱头，好像是要阻止火气冒出来。

"这仍然是一个优先事项，但是……"这种说法其实是一种商业废话。真正的优先事项和自以为的优先事项之间存在很大的差异。如果你想知道自以为的优先事项是什么，请查看人们在演示文稿和年度报告中所说的话。但是，如果你想知道这是否是真正的优先事项，请注意实际发生的情况。

不要等到为时已晚。请问自己以下问题：

如果 X 真的是这项业务的积极优先事项，那么现在哪 3~5 件事需要绝对发生才能证明这一点？

例如，如果销售新产品确实是当务之急，不要等到看到销售数字——那已经太晚了。另外，不要相信销售经理的话。

你应该问："如果新产品是优先事项，今天必须发生什

么?"答案可能是:

- 电子邮件显示了与讨论产品的买家会面后的情况更新。
- 新产品的技术专家被要求陪同销售人员,且随叫随到。
- 相关人员正在向新产品团队索取样品。

或许还有其他证据,这具体取决于你的独特情况。

结果并非凭空出现。任何目标都以必须首先采取的某些行动为前提。为确保你的组织认真对待声明的优先事项,请寻找这些行动,它们提供的信息比任何进度报告都要好得多。

结论:不要让手段高于目标

如果弗里德里希·尼采(Friedrich Nietzsche)不是一位伟大的哲学家,他会成为一名非常好的顾问(你可以判断尼采是否错失了这样一个机会)。

这是他拥有敏锐洞察力的一个例子:

> 在旅途中,我们通常会忘记目标。几乎每一个职业都是作为达到目标的手段而被选择和开始的,但它本身又是作为目标而继续存在的。忘记我们的目标是所有愚蠢行为中最常见的。

我相信你会同意尼采是一位直言不讳的哲学家。但这如何适用于我们的业务思考呢？

在某个星期你可能会花相当一部分时间参加会议。在会议内容中，有多少是在谈论本意是要达到目标但却与目标相脱离的活动？

容易产生此问题的领域还包括研究，预算计划，组织提升，过度详细的系统实施指南、流程和程序，更不用说会议本身了。

例如，请注意这样的事情：

- 人们将部门的"战略规划"视为一种讨好"公司"的填表工作，而不是他们识别最有希望的增长机会并据此采取行动的一种方式。

- 实现了"目标"，并因此支付了奖金，但真正的目标仍未实现。这通常是由于对平衡计分卡[1]和仪表板[2]的笨拙使用：你会发现，复杂的指标链与实际目标脱节（例如，把"呼叫中心的等候时间短"作为一项奖励指标会导致接线员催促客户挂电

---

[1] 平衡计分卡是常见的绩效考核方式之一，是从财务、客户、内部运营、学习与成长四个维度，将组织的战略落实为可操作的衡量指标和目标值的一种新型绩效管理体系。——译者注

[2] 仪表板是用于追踪企业业务发展方向的管理工具，可以跟踪收入、支出、客户满意度等。——译者注

第 8 章　原则六：找出关键少数

话，造成客户满意度下降，但考核指标却完成了）。

• 每周/每月/每年重复收集数据，而不采取新的行动。一个常见的例子：调研是作为一种确保士气的方式而开始的，然而当结果显示士气低落时，反馈会被压制或淡化。这会让每个人更为沮丧。这已经够糟糕的了，但是调研会在明年的同一时间照例启动！

• 诸多"准备好了做出改变"之处。例如，让员工获得某种认证，这被称为"可交付成果"，或者将体现快乐程度的工作表得分作为取得成就的证据。实现里程碑与到达目的地是不同的。当然，准备不足是愚蠢的行为，但过度准备只会延迟任何产生结果的行动，这是变革管理中最诱人且最耗时的陷阱之一。

第 9 章
原则七：直白描述目标

在整本书，我们都谈到了通过从既有资源开始，为客户带来全新且更集中的价值。随着提供的价值发生变化，你的组织必须跟上这种变化。当人们谈论自己所在的组织需要进行变革时，他们会滔滔不绝地谈论转型、沟通和介入之类的词，而每个人都点头会意。但是，这些词到底是什么意思呢？除非你真的很清楚，否则你会很想购买通用的"转型计划""沟通培训""介入工具"等课程。这些通用的"解决方案"通常既耗时又带来混乱。它们充其量是生硬的工具，最糟糕的是，它们与影响你业务的实际问题毫无关系。相反，当你用非常直白的话来描述这些问题及你想要的结果时，很多问题都可以由你自己的人解决，只需很少的外部帮助。

模糊的语言和"人工"智能

一个古老的大学笑话将讲座定义为"一种把信息从讲师的笔记上转移到学生的笔记上的设备，而这些信息并不会经过任何一方的头脑"。种瓜未必得瓜，如果仅仅是一群人正在做一

第 9 章 原则七：直白描述目标

些听起来以及看起来充满智慧的事情，结果很可能事与愿违！如今，管理领域已经衍生出大量听起来充满智慧的抽象概念（也称为企业语言或商业废话），但这些概念通常只会使人达成虚幻的共识。如果你对结果负责，那么这种"人工"智能是行不通的。它只会引发混乱、错误和挫败感，造成对价值的破坏。在本章，我将标记出这种情况的一些表现方式，帮助你发现并纠正它们，从而为你自己的组织引入更多真正的（也可能是尚未开发的）智慧方案。（在此方面，我发现大致有两种类型的管理顾问：一种是继续说着商业废话；另一种是花时间耐心帮助客户拆解这些概念，以便客户能够清楚地看到自己所寻求的结果。）

被语言迷惑

我们的工作中充斥着随处可见的抽象概念，这使我们的讨论看似充满智慧，而实际上这种情况可能少之又少。说白了，很多都是"胡扯"。下面就是一个典型的例子：我曾经在某家投资银行担任项目顾问，有一次该银行的首席运营官让我与 IT 项目的一位高级经理会面。我们姑且把那位首席运营官称为简。简虽然没有直言，但很期待那次会面。那位叫迈克的高级经理很快跟我核实信息，确定我了解他的资历、他以前的蓝筹雇主、他的评级，以及他是黑带级选手。然后，他开始长篇大论，使用那些从表面上看意义丰富的词汇和短语，但却令人费解，至少对我而言是这样。我记得其中有一个词是"合规项目治理架构"，虽然这听起来让人印象深刻，而且我也有软件工程的背景，但我完全不知他所言何意。我再次见到简时，她直接向我询问那个困扰她的问题。她尽量用平和的语气问道：

"那么，你和迈克相处得如何？"

我想，任何顾问都有直言真相的时刻。我深吸了一口气回答道：

"老实说，简，我根本听不懂他说的任何话。"

"谢谢！"她回答说，表情里充满确定。

我接着说："实际上，我怀疑他满脑子都是废话。"

"我也是这么想的，"简说，"但他似乎受到很多人的追捧，还拥有一些有影响力的支持者，而我认为他是在浪费我们的时间和资源。"

我和简进一步交流对迈克的看法，试图找出他受人喜欢的真正原因。也许有些人只是担心如果听不懂迈克的话会让自己显得很愚蠢，也许还有人只是因为自己很忙而无暇理会这些抽

第 9 章 原则七：直白描述目标

象的概念，至少迈克看起来是自信而严肃的。我和简甚至认为也许我们对迈克的看法是错误的。然而，后来的事情证明我们并没有错，迈克也悻然地离职了。

迈克是一个极端的例子，但是他确实得到了一些大牌企业的重用，因为如果某人有本事谈论普遍的抽象概念，如授权倡议、领导力基准、治理架构、概念愿景、商业模式演变、世界级的卓越运营等，这些都将显得意义非凡，无论听者能否弄清楚说者指的是什么。

事实上，人们的谈话很可能只是围绕着未定义的抽象概念，他们来回地"交谈"，从表面上看似乎十分重要。这甚至让旁听者或新人感觉自己被排除在一场举足轻重的讨论之外。我在工作过的大多数组织以及每个行业里都看到过这种情况。最后的结果通常是错误百出，甚至导致荒谬的局面。

只是因为看起来很聪明……

约瑟夫·维森鲍姆[①]（Joseph Weisenbaum）在早期设计了一款经典的人工智能计算机程序，名叫 Eliza。该程序模仿的是

[①] 麻省理工学院人工智能实验室的德裔美国计算机科学家，他在 1964—1966 年开发了历史上第一个聊天机器人 Eliza。——译者注

一位"非指导性"心理治疗师。Eliza通过简单地选择并使用你刚刚输入的部分内容,来构建一个问题作为回应。因此,如果你输入"我很沮丧",Eliza可能会回答:"得知你很沮丧,我很遗憾。这是从什么时候开始的呢?"

很容易看出Eliza是如何运行的:基本上遵循的是一组将词语进行随机排列的规则(将"我"转换为"你",将动词的单数形式转换为复数形式,等等)。在几十条这种规则的作用下,这个系统维持了很久。

对Eliza进行复制只需大学本科水平,在互联网上可以找到多个版本。你如果试用一下,就会发现这种"词语的随机排列"多么具有说服力,这一点确实令人叹服。事实上,因为人们喜欢将事物拟人化,许多与之互动的人都认为最初的Eliza非常聪明——维森鲍姆的秘书就很喜欢与Eliza讨论自己的问题,因为她觉得与大多数人相比,Eliza是一名更好的听众。看到人们轻信Eliza拥有真实智能,维森鲍姆感到不安,这促使他后来写了一本书来剖析计算机的极限性。

现在,我们来思考一下以下对话(在管理者关于组织问题的对话中,我听到过无数次):

第9章 原则七：直白描述目标

"我们有一个销售方面的问题。"

"好吧，那让我们安排一些有关这方面的培训。"

"我们在员工授权方面存在问题。"

"这项授权计划正是专门为此设计的。"

"我们有一个信用控制问题。"

"那我们购买这款新的信用控制软件。"

在每种情况下，"Eliza模式"只是简单地将"问题"一词从描述中提取出来，并用"培训""程序""软件"等词代替。瞧！我想你已经有答案了。

这就是我在第2章所说的"救世主"解决方案。如果你坚定地提出"Eliza方案"，人们就会不加辨别地点头会意，并确信自己已经处理了这个问题，继而讨论议程上的下一个问题。这种现象确实令人惊讶。从表面上看，人们似乎做出了决定，但麻烦的是，参与讨论的两方压根儿没有考虑真正的问题。

思考一下上述第一个例子——对提高销售的要求。安排销售培训听起来是个好主意，但在以下这些常见的情况下却完全无效，如：

- 销售人员太胆小而不适合该职位。
- 客户为了竞争而忽视过时的产品。
- 正式的激励制度有失公平。
- 非正式的激励措施受到限制。
- 销售经理偏袒某些员工。
- 一些工具和流程难以使用。
- 即便违反了企业价值观，一些有影响力的行业模范仍然能飞黄腾达。
- 持有关于"我们的做事方式"的过时观念。
- 部门经理造成员工不和，而你早应该认清这一事实。

那么，采用如"Eliza方案"那样通用的解决办法，如购买课程、程序或系统，能否满足你的独特需求？这充其量是碰碰运气。

如果自己可以获得现成的模板式解决方案，这非常诱人。但问题在于，你如果倾向于将问题和解决方案归类，可能会误入歧途。几乎所有的管理情境中都存在熟悉和可预测的元素，这一点毋庸置疑，但其中也会有独特的元素。而且，如果你的目标是要获得结果，这些独特的元素通常就是最重要的。

第 9 章 原则七：直白描述目标

作为项目治理架构师的迈克以及计算机程序 Eliza 可能看起来充满智慧，但这只是错觉。这种错觉是基于不加批判地推测智力这种过于人性化的倾向，但从中获得的只是一些浮于表面且并不可靠的提示词，除此之外别无其他。

很重要的一点是，要认识到我们都有可能因这种不加批判的全盘接受而出错——事实上，如果与专业的特写魔术师交谈，他们会告诉你最容易愚弄的人是那些老练的观众（魔术大师是那些可以在儿童派对上表演的人——孩子们更难对付）。

如何使用直白语言

下文提供了一些原则，可以帮助你避开"人工"智能以及与 Eliza 类似的普通解决方案所带来的迷惑性影响，从而提高你所在组织的发展质量。

提防预打包解决方案

这包括通用的培训计划、管理方面的短暂性热门活动以及性格测试。可以向销售人员、内部推荐人士和"专家"询问如下问题："你怎么知道它会针对我们的具体情况起作用？"

问两个简单问题

当"专家"使用行话时,或者当讨论中忽然出现了一个抽象概念时,准备好问两个简单的问题:"你具体是指什么?"和"可以给我举个例子吗?"——即使你这样问可能会被认为无知或太学究气。

戳破虚张声势

如果与你打交道的人虚张声势、善于取巧,暗示不使用行话是愚笨的表现,那么试试下面的方法:"我听说过这个术语,但当时的情况与现在不太一样,似乎与你给出的含义不同——可否解释一下在合规的治理架构中和在不合规的治理架构中使用这个术语有什么区别?"

使用疑难解答式"纪录片"技术

在很多时候,变革的过程是用模糊的语言描述的。比如,我们想要"从优秀到卓越""更上一层楼",或者我们想要解决"沟通问题"或是"让人们拥有所有权"。这些都可以作为起点,但如果你想要的不仅仅是模糊的结果,就需要进一步明确

第9章 原则七：直白描述目标

它们。

面对上面这些话，我会经常这样回应："想象一下，我们要制作一部反映变革之前和之后情况的纪录片。摄制组要拍摄当前的情况，然后在变化发生后会再回来拍摄。你希望在两次回放中看到和听到什么不同？这时候，你会对我说：'看！听！这就是区别。'正是这样，我知道他们已经具备了责任意识（或者，用他们的话说，我们现在'很棒'或处于'下一个水平'，或者任何可能的目标）。"表9.1提供了一个用于组织答案的模板。

表9.1 疑难解答式纪录片技术

说明：想象一下，我们制作了一部纪录片，记录了你的业务在使用新战略之前和之后的情况。我们会看到和听到什么？在第一集和最后一集之间会发生什么变化？是否考虑客户体验、会议和决策、授权、销售会议……？对财务绩效、声誉以及吸引和留住优秀人才的能力等有何影响？		
之前	之后	对业务的影响

为什么还有"对业务的影响"一栏？因为该因素将决定应

该在变革中投入多少努力、资源以及做出变革的紧迫程度。在很多时候，人们将大量的时间和精力花费在仅仅带来边际影响的改进上，对真正产生巨大影响的事情却没有进行足够的投资。

将管理术语通俗化

通过运用纪录片技术，管理术语可以变得更具体且更易于理解。从本质上讲，通过询问"我们如何做到这一点？"，你就能将抽象的管理名词转换成动词[*]，例如：

- 领导：谁领导谁做什么？他们是怎么做到的？结果会是什么？
- 参与：谁与谁参与？他们具体做得如何？
- 转变：到底是什么正在转变成什么？具体是如何转变的？我们怎么知道它已经转变了？
- 敏捷：以敏捷的方式正在做什么？通过谁做的？具体是如何做的？

在所有情况下，无论是否使用纪录片框架，你都在寻找一

---

[*] 我从《魔法的结构：一本关于语言和治疗的书》中了解到抽象名词的反规范化。作者展示了他们对杰出的心理治疗师所提问题的分析。

个清晰明确的答案来回答这个问题:"我们需要看到和听到什么才能知道事情正在以我们所需的方式发生?"

用简单的话告诉别人你想要什么

一旦你明确了自己想要什么,你通常需要把事情交给其他人去做。这里有很多潜在的误解,所以找到正确的词汇是至关重要的。

让我们先看看哪些是不起作用的。例如,下面是一家《财富》500强企业的使命宣言:

> 我们是一个以市场为中心、以流程为中心的组织,我们为客户开发和提供创新性的解决方案,我们始终超越同行,为我们的股东创造可预测的收益,并为我们的员工提供充满活力和挑战的环境。

这与我们在本章开头所讨论的关于寻找简单词汇的努力相去甚远。这份宣言十分抽象、乏味且千篇一律,因此没有任何重点。它无助于该组织中任何级别的决策。

相比之下,谷歌通过其使命宣言宣称,它打算收集全世界的信息并使它们对所有人而言可及和有用。

使用像这样的简单词汇的妙处在于，人们可以做出明智的且在战略上一致的选择。谷歌聘用的员工有创意且才华横溢，具有广泛而多样的兴趣，并且公司鼓励他们进行创新。他们完全可以像律师所说的那样"任意作为"[①]，但是相反，他们会说"我有这样一个想法，但它是否有助于组织全世界的信息？"，然后再据此采取相应的行动。因此，谷歌图书[②]和谷歌日历[③]应运而生。那么，我们又如何看待谷歌为可感知血糖的隐形眼镜以及延长人类寿命所做的努力？实际上，公司重组为"字母表"[④]，重组后谷歌作为其中一个部门，这一点意义重大。公司业务扩大后，可以进行一系列其他尝试，但推动公司效益增长并提供最大回报的核心业务并没有被稀释。

塑造结果

图 9.1 显示了从领导者的战略意图到产生结果这一链条。

[①] 原文为 frolics of their own，在 200 多年前的法庭判决中，法官使用它来描述被认为是雇员工作范围之外的行为，因此它不属于雇主的替代责任。——译者注
[②] 提供全世界最全面的全文图书索引。——译者注
[③] 提供可共享的免费在线日历服务。——译者注
[④] 2015 年 8 月，谷歌宣布将为自己创建一家名为字母表（Alphabet）的母公司，新公司采取控股公司结构，从而把旗下的搜索、YouTube、其他网络子公司与研发投资部门分离开来。——译者注

第9章 原则七：直白描述目标

从图中最后一级往上看，可以发现结果来自行动，行动来自决策，而这些决策是由领导者明确表达的目标和优先事项——意图——所塑造的。如果你试图用模糊的语言表达这种意图，恐怕你只能得到模糊的结果。

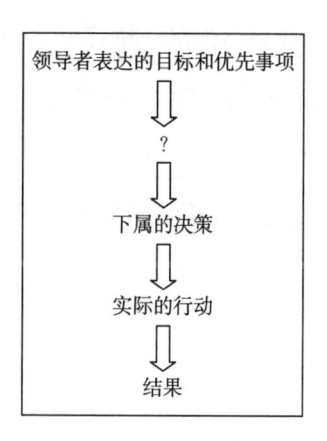

图9.1　你所表达的意图的清晰程度如何？

创造与品牌一致的客户体验

谷歌用通俗易懂的语言传达了其使命宣言中总体意图的精髓，从而指导整个组织做出决策。宜家则提供了另外一个优秀的案例，充分说明了核心价值可以塑造产品战略和品牌行为。宜家所提出的关于改善人们日常生活的愿景正是该公司的精髓所在。

这个愿景显然塑造了公司关于产品范围的决策，但我发现它也延伸到了售后服务环节。我曾经从宜家买了一些书柜,运回家之后却发现其中一块背板裂开了。我虽然不是很确定,但根据破洞的形状来判断,它像是在运输过程中弄坏的。我回到店里,想好了如何解释,感觉必要时可能需要再买一件。但店员看了一眼便说:"我再给你拿一块背板。"他完全没有跟我讨论背板损坏的可能原因。正如公司的愿景一样,我的"日常生活"无疑变得更加轻松。

当然,清晰地描述企业愿景不仅仅是对大企业的建议,下文将说明这一点。

指导日常行为

印度眼镜品牌 Vision Express 在英国拥有近 400 家以特许经营模式运营的零售眼镜店。我所在的地区就有一家,店主叫贝努瓦(Benoit),是一位精力充沛的法国商人,他把店经营得很成功。

贝努瓦非常清楚,他的大多数员工都比他的核心顾客群年轻(比如像我这样进店寻找变焦眼镜的人!)。他说,"我告诉我所有的员工要像对待自己的父母一样对待这些顾客"。

这句话的意思是:"要注意确保顾客选择的眼镜是合适的:它们看起来不错,不会造成夹伤,且抛光得当。"或者,更确切地说："不要试图向顾客推销他们不需要的产品,但一定要推荐一些对他们来说更好的产品,虽然价钱可能更高。当顾客决定购买镜框和镜片等附件时,请耐心等待。"

"像对待你的父母一样对待他们。"这句话听起来并不深刻,但它却是一种有效的行为指南,用简单的语言抓住了贝努瓦方法的精髓,而不是试图规定每一个细节。这句话塑造了顾客在贝努瓦所经营店铺的全部购物体验,保证了店铺拥有可观的回头客和熟人介绍的客流。贝努瓦难以言表的特质加上他在采购时尚有趣的镜框方面的天赋,使得他的店理所当然地成为全英最盈利的店铺,他也因此多次获得年度经理奖。

阐明业务本质

生动的故事和文字图片最能捕捉企业的精髓。这至少包含五种类型:

- 英勇事迹或关于关键时刻的轶事:众所周知,联邦快递有大量关于投递包裹的英勇事迹[1]——这些故事本身就传达了

---

[1] 其中一个例子是1994年发生的联邦快递705号航班事件。非洲裔飞航工程师卡洛威认为联邦快递的职场及种族双重歧视导致其生活一团糟,所以决定利用该航班展开报复,意图劫机之后驾机撞击联邦快递总部大楼。经过一番惊心动魄的空中搏斗,三名机组成员最终制服卡洛威,飞机顺利降落。——译者注

榜样的力量。

- 实例化的价值观：通过寻找真实的例子，一家专业服务公司能够用简单的文字来说明其价值观的全新内容。比如，在说明客户服务的价值观方面，公司发现并传播了这样一个例子：客户在开会途中迷路，公司一名员工亲自开车接回客户并将其送到工作地点。后来，只要一有机会，客户就会和别人谈及此事，说他绝对不会把其咨询项目交给其他机构。

- 生动的比喻：一家日本汽车制造商与一个设计团队协调，要求对方将所有设计元素都视为适合"穿着晚礼服的橄榄球运动员"。

- 战斗口号：在20世纪70年代与雅马哈的摩托车竞赛中，本田激励员工大喊："碾压雅马哈！"这不一定适用于每个组织，但很有效！

- 将客户评价在组织内部"消化"：在许多企业中，员工很少会见到客户。但以我的经验来看，员工喜欢听到有关客户的消息。与任何演示文稿相比，视频可以更生动地将这方面的信息传达给你的员工。

你的业务的本质可能会被稀释的元素所掩盖或隐藏。然而，发现业务的本质依然可以通过提炼元素来实现。一旦业务

第 9 章　原则七：直白描述目标

的本质被清晰地表达出来，就可以被聚焦，从而产生不成比例的影响。最重要的一点是，只有当所有角色的人都清楚你的战略目标可以如何在现实世界中发挥作用时，他们才能做出适当的决定并采取适当的行动。也就是说，领导者需要用通俗易懂的语言来表达业务的本质。

结语

与管理上的抽象概念相比，直白的语言有很多好处。它们将：

- 简化关于资源用在何处的争论。
- 减少不确定情况下的模糊性。
- 恰当地指导销售行为（你是否引入过一种热门的新产品或服务，却发现销售人员并没有努力售卖？他们似乎意识不到为何需要对新事物投入努力）。
- 在关键时刻指导一线员工——他们是否应该默认客户的非标准要求？他们是否应该为纠正某些事情而付出代价？他们是应该等问题升级还是应该自己迅速去处理？

第 10 章
原则八：超越藩篱

低风险创新

　　从既有资源开始，意味着需要在被忽视的资源之间建立联系。我们需要重组这些资源并与客户一起快速检验资源重组的效果。要做到这一点，我们通常需要回顾旧的资源类别以及进行跨功能边界的操作。而这继而又取决于我们如何看待"我们"与"他们"的关系。

　　任何组织内部都不乏关于"我们"与"他们"相区隔的叙事，理想情况下，这会促进内部的合作以及协同。但区隔通常是压力和冲突的来源，这使得组织很难为客户创造整体性的体验。当销售部指责生产部，或者管理者指责工程师，又或者每个人都指责 IT 部或财务部时，实现新想法就变得更加困难。在本章，我们将探讨如何挑战关于"我们与他们"的假设，从而为实施积极的变革创造条件。

"我们与他们"

　　你是否曾惊讶地发现，一个关于你同事的事实打破了你对他的假设？以下是我遇到的一些例子：

第10章 原则八：超越藩篱

- 一位性格温和的政策研究员，爱好白领拳击。
- 一位学校行政人员，曾代表英国参加跳远比赛。
- 一位临床心理学家，曾作为 保罗·威尔① （Paul Weller）和"外国佬"②（Foreigner）等乐队的伴唱参加国际巡回演出。
- 一位工程师，住在一座小农场里，自己还养羊。
- 一位性格内向的计算机科学家，在一支摇滚乐队中担任主音吉他手，该乐队经常为成群的哈雷戴维森③文身骑手演奏。
- 一位银行家，尽管没有正式学习过天体物理学，却经常积极地参加一所世界顶尖大学举办的每周一次的天体物理学研讨会。
- 一位临时秘书，找到了难住两位计算机科学教授的神秘填字游戏中的最后一条线索。

毫无疑问，你也可以拟一份人物清单，这样做是一项很好的练习。它可以提醒你，我们对他人及其才能的看法是多么具

---

① 英国摇滚乐坛的老将，音乐风格多变。——译者注
② 1976 年成立于美国纽约，是一支起源于重摇滚并受到流行市场喜爱的乐队。——译者注
③ 美国哈雷戴维森贸易有限公司生产的摩托车品牌，创办于 1903 年，销往 200 多个国家。——译者注

有局限性。

反过来说，如果别人对我们也持有不全面的看法或偏见，我们会困惑不解，通常还会感到沮丧。我在大学里思考自己专业的时候，就曾碰到过这个情况。当时，我跟校长说，我对学习汽车工程很感兴趣。但他的回答却明显带着轻蔑："安迪，我无法想象你弄脏你的手的样子。"他完全不知道，在前两年的暑假，我都在当地的一家汽车维修公司兼职，更换机油滤清器、调整火花塞，我的手确实弄得很脏。但他浑然不觉的是，如果当时他的车发动不了，我可能是他在晚饭前可以赶回家的最佳机会。

当我们开始思考"我们与他们"时，我们把"他们"放在了一个概念框里。这个概念框说明了他们应该能做什么、他们应该如何表现、有什么可能性。秘书不应该比教授更擅长复杂的填字游戏，这是一个"事实"，但这个"事实"却让这个临时秘书由于挑战了教授的权威而兴奋不已。有些教授面对这种情况可能会生气，甚至日后可能还会"治治她"（当然，在我所说的这个故事里，两位教授只是遗憾地笑了笑，也许他们会确保以后再也不把未完成的填字游戏留在她可能找到的任何地方）。

第 10 章　原则八：超越藩篱

我们可能无法避免将"他们"框在我们的假设之内的倾向，但我们可以训练自己不那么做。不然的话，我们就有可能对他们的潜力视而不见（这就是我对工作场所的性格测试持谨慎态度的原因——它将这种把人框起来的过程制度化了）。如果把"他们"放在一个心理框里，我们很难看到他们的能力所及之处，也很难知道如何能更有效地与之建立联系。我们需要的是一些提示和工具，以便我们检验自己的假设。下面是一项简单的练习。

练习——人员汇总

姓名	在之前的工作中完成的任务、取得的成绩、爱好、兴趣	形成的能力	意味着哪些其他资源（见第 5 章）	这表明了哪些想法？

在咨询工作中，我经常遇到非常有能力的中层人员和初级人员，他们基本上可以维持业务的运作，并且使用的技能往往是高级管理人员无从知晓的。人员汇总的练习有助于你将自己的注意力引导到你可能未发觉的他人所拥有的隐藏技能上。

当然，员工也和高级管理人员一样，容易将其他人放入概念框中。因此，一方面，我经常听到企业的高级管理人员批评工程师没有任何商业头脑，而他们却忽视了世界上一些最成功的企业是由工程师创立的事实。另一方面，工程师则批评高级管理人员不了解技术（我也见过这种情况，这些高级管理人员甚至在同一项技术上拥有博士学位，但无论如何他们都不使用自己的学术头衔）。

当然，我的观点是，"他们"总是远远超出我们对他们的概念设定。我们对彼此的看法无疑是至关重要的，这使我们得以认识到哪些是可行的，或者在合适的机遇下哪些会奏效。这些想法影响着我们释放潜力的能力，以及我们在组织内部和外部市场协商变革的能力。在本章，我们将关注组织内部。在下一章，我们会讨论客户这个主题。

第 10 章 原则八：超越藩篱

"我们与他们"的致命相拥

从历史上看，AW&B 是飞机轮毂和制动器的三大领先生产商之一。* 在 20 世纪 50 年代中期，该公司赢得了一份合同，为一种新型战斗机提供制动器。然而，产品却没有符合公司的最初承诺，因此，OEM①（即原始设备制造商，负责将零部件组装成飞机）将 AW&B 移出供应商名单。

这对 AW&B 打击很大：这不仅意味着损失了原始订单，针对备件生产的持续性业务的损失更大。

几年后，OEM 再次为飞机的轮毂和制动器招标。为了可以重返商业战场，这次 AW&B 的投标价格非常低。OEM 被价格吸引了，它也喜欢 AW&B 提出的设计方案，即生产出比平时更小、更轻的制动器。

AW&B 接到订单并在截止日期前交付了制动器，同时还

---

* 这个变相的例子基于一家在 20 世纪 50—60 年代真实运作的公司。虽然技术在变化，但人性未改。这个例子让人不禁联想到波音公司在 2018/2019 年度 737 MAX 飞机事故发生后传出的故事。

① OEM 的基本含义是，按原公司（品牌公司）的委托合同进行产品的开发和制造，用原公司的商标，产品由原公司销售或经营的合作方式，也称为"代工"或"贴牌生产"。OEM 是社会化大生产、大协作趋势下的必由之路，也是资源利用合理化的有效途径之一。OEM 有可能在更大范围内挑选供应商，特别是向加工制造成本低廉的地区转移。——译者注

提交了一份合格报告，表明制动器已通过所需的地面测试并准备好进行飞行测试。

然而，在飞行测试期间却出现了几次危险情况，很明显，制动器远远没有达到要求。

OEM 多次向 AW&B 询问，并最终要求检查原始测试数据。当 OEM 最终被准许查看数据时，它的工作人员发现真实数据与报告中的数据存在重大差异。

AW&B 十分惭愧，收回了它的制动器和合格报告，一些工程师也辞职了。公司再次遭受损失，并且不得不以相同的价格交付改进后的产品。它们还发起了内部调查。

可是，在调查过程中，公司管理者和工程师却似乎在谈论两个不同的问题（见表 10.1）。工程师所讲的是专业培训、专业工程技术和执行工程任务的经验。他们还谈到设定程序、精密测量和精确计算。在他们看来，数据和计算只有对错之分，除此之外没有其他。

相比之下，管理者谈到了实际经验和服务年限。他们谈论的是"全局"，如社区就业、订单簿、长期存续以及他们理解战略问题和凭"判断力"做出决定的能力。在他们看来，工程数据是需要被解释以体现全局的。

第 10 章 原则八：超越藩篱

表 10.1　飞机制动器案例所体现的"我们与他们"的致命相拥

	工程师这样说	管理者这样说
工程师	精确，处理技术性计算，使用技术标准，有技术能力，以解决技术问题来判断是否成功	吹毛求疵，无法把握战略问题，自命不凡，提供的数据相互矛盾，与商业世界脱节
管理者	做作，官僚主义，撒谎，金钱优先于正确，权宜之计	纵观全局，进行战略性思考，优先考虑业务的良好运作，解读数据，凭判断力做出决定

表 10.1 显示了管理者和工程师所谈论主题之间的关系。对"制动器丑闻"，甚至对彼此的看法，这两个群体的言论有着天壤之别。但请注意，他们的主题是紧密相扣的。在每种情况下，一方认为是好的，另一方却认为是坏的。这就造成"我们与他们"在某种形式上的致命相拥。

只要双方都以局限性的眼光看待对方，他们就会陷入没有明确逃生选择的陷阱。事实上，无论他们提出什么意见，都可能强化而不是弱化这些观念。比如，如果管理者解雇了"有罪"的工程师并对程序进行严格控制，只会被视为进一步的官僚主义、权宜之计和做作行为。这只会招致反抗。

练习——丑化形象

1. 找出为了公司利益而合作却遇到困难的"我们与他们"群体。

2. 丑化他们,并得出他们对我们的丑化描述。

3. 请注意这些不实描述如何限制从陷阱中逃生的可能性。

4. 在另一群体中寻找一些成员,而你并不会刻意歪曲他们的形象(回忆之前的人员汇总练习)。

5. 有哪些新的对话可以解决问题?

6. 将两组人员汇总在一起,查看与他们相对应的夸大的描述和非夸大的描述,问:"我们如何通过新的方式来解开致命的相拥?"

在"我们与他们"的机制下工作

事实上,你只能在一定程度上控制"我们与他们"的机制。毕竟,"他们"拥有很大的自主权。如果你试图通过限制这种自主权来控制他们,你必然会遇到诸多对变革的抵制。事实是，在很大程度上，潜在的推动变革的因素会对变革产生阻力。

那么，第一步是简单地认识到"我们与他们"的机制是组织中的主要因素。我发现，对于高级管理人员来说，这个话题并不明确，但对该话题保持敏感是有意义的。现在，让我们来看看一系列方法，以便你的组织在"我们与他们"的机制下运作。我认为，你还可以发现在这种机制下运作的好处，如果你喜欢"文化能把战略当早餐吃掉"这个口号的话。

认识到你一直在重新定义"我们与他们"

正如沟通理论家所说："你不能不沟通。"这意味着你每天都在积极塑造"我们与他们"的动态。表 10.2 提供了一些示例。

表 10.2　人们所接收的信息列表

类别	行动	接收的信息	对你的目标有益、有害还是没有影响？
对违反规章的举报行为的回应	举报人被解雇	"他们"（管理层）只是在口头上遵守规则	有害

低风险创新

续表

类别	行动	接收的信息	对你的目标有益、有害还是没有影响？
参与情况	总裁经常加班	他脚踏实地，且尊重工作——他是我们中的一员	有益
高级管理人员的特权	设立高级餐厅	"他们"确保自己可以权谋私	有害或中性，取决于感知到的合规性

一项有用的练习是，考虑如何从你的组织中选取例子以续写这个列表。

建立描述群体和关系的丰富图

图 10.1 以丰富图①的形式展示了一家组织的环境——该术语最初由彼得·切克兰德（Peter Checkland）创造。

---

① 丰富图（rich picture）是一种探索、承认和定义情况并通过图画进行表达以创建初步心理模型的方法。丰富图有助于展开讨论并就情况达成广泛、共同的理解。——译者注

第 10 章　原则八：超越藩篱

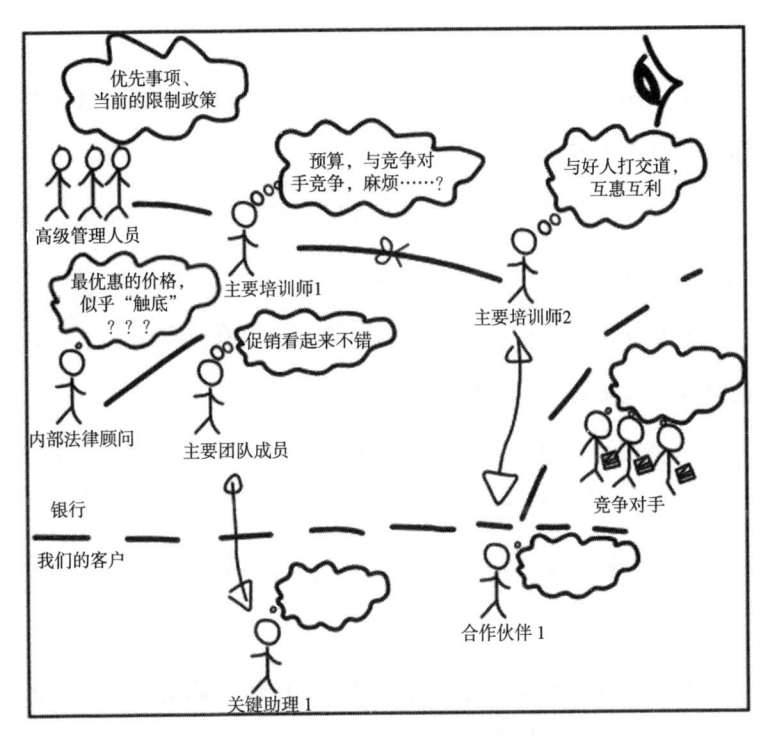

图 10.1　一家银行法律部门的丰富图

资料来源：赫尔加·亨利（Helga Henry）和安迪·巴斯所著的《网络化：一次建立一种业务关系》。

需要注意一些常用规则：个人和团体以"火柴人"表示。其关注点和目标用思维泡泡呈现。联盟线或冲突线可酌情标有微笑或交叉剑符号。图中的眼睛代表有影响力的观察者（媒体、监管机构等）。除了这些基础规则之外，你还可以随意制

247

作更多图标。

丰富图看起来很简单，却可能呈现戏剧性的效果。我发现使用丰富图有很多好处：

• 使我们能够从情境细节中退后一步，或是离开情境，增强客观性并消除情绪干扰。

• 允许识别多种且通常不相容的心态（在这些心态下，任何解决方案都必须是一种妥协）。

• 使故事主题同时而又不按顺序呈现，有助于减少由于先听到谁的故事而产生的任何偏见。

• 将故事元素分解，使得关于刻板故事的记忆库不太可能被触发。

• 通常有助于识别对你的努力有支持作用或阻碍作用的出人意料的影响网络。

专栏 10.1 提供了一些提示性问题，确保你可以开发一张全面的丰富图。

在很多情况下，管理人员仅仅看了一眼丰富图便告诉我说："解决方案已经很明显了。"即使这样的情况没有出现，由此产生的讨论和调查往往也十分具有洞察力，直指问题的本质。

专栏 10.1

制作丰富图的提示性问题

利益相关者和职责

谁实际上处于组织中？

谁来做这项工作？

谁设定目标？

组织与边界外的谁（客户、供应商、影响者）互动？

谁在观察组织？

文化价值观、规范、世界观

人们的行为是为了获得和保持什么？

口号是什么？

有哪些隐喻？

有哪些独特的行为方式？

有哪些矛盾现象（例如说一件事却做另一件事）？

处理哪些主题时必须敏感？

权力与政治

谁对谁拥有权力？

是否存在利益冲突或缺乏合作的问题？

谁控制资源？

谁控制环境规范（例如监管）？

案例分析

如何结束战略僵局并达成利润丰厚的交易

在我之前的一次工作中，丰富图发挥了至关重要的作用。当时，我与一家国际金融服务公司合作，公司的董事会已经陷入僵局。四名董事各持有 20% 的股份，其余股份由一小群高级管理人员共同持有。董事们需要就新的战略方向达成一致，并获得员工和管理层的坚定支持。

多年来，该公司一直致力于解决使用危险建筑材料所引起的再保险索赔。公司的业务量曾经十分庞大，但是，随着大部分索赔案处理完毕，加之相关建筑材料被禁止使用，公司接不到新订单，业务似乎正在枯竭。虽然公司拥有强大的技术和一流的声誉，但其销售能力被限制住了。它现在需要找到多个规模较小的项目来继续开展业务，而坦率地说，它并不确定能否找到。

董事对该做什么持有各种不同的看法。一位董事希望从企业效益增长的全新立足点出发来发展业务；另一位董事倾向于

第10章 原则八：超越藩篱

以适当的报价让贸易买家收购，而不是冒险让业务"枯萎"。还有一位董事已经是四大会计师事务所的合伙人，他不想让同事陷入困境，同时他也担心负担不起孩子们的大学学费。持少数股份的群体则感到被排除在这个过程之外。"我们与他们"的叙事不断上演，老朋友的情谊也近乎为零了。

我采访了每一个人，并制作了一张丰富图。当我在屏幕上将它展示给董事们时，我突然灵光一现。

"你们每个人都认为其他人固执己见。但实际上，如果你们站在每个人都需要钱这个角度来考虑并顾及你们个人的风险偏好，那么你们的行为全都是合理的。"

事态在一瞬间发生了变化。事实上，他们意识到，没有人是罪魁祸首——问题在于他们之间的互动。

一旦他们意识到他们仍然站在同一立场，问题就会迎刃而解。我们很快就制定出一个吸引理想买家的方向。新战略涉及对业务组合进行调整，以保持并促进利润增长，以及认同增强人员分配的灵活性以提升人员利用率。公司也认识到它在市场上的良好关系代表了一种隐藏的销售资产。随着公司业务变得强大，仅仅在一年之内，一家股份有限公司就欣然同意收购这家公司，董事和管理人员都在更大的团队中获得了更好的工作以及更大的上升空间。

在不同部门之间"交叉授粉"

丰富图可以作为"交叉授粉"策略的良好开端。* 顾名思义，该策略是指将一个部落中的一些人放入另一个部落，目的是打破部落限制并创建一个社区。

除了查看冲突点（即丰富图中的交叉剑符号），你还需要寻找共同点。实际上，处于不同部门的人拥有的共同点通常多于他们所能想象的，最重要的是，他们有着共同的利益，即企业能够蓬勃发展。下一步，你可以将权力性领导者以及非权力性领导者作为榜样。这就意味着，需要确保按照新社区理念行事的人可以被大家看见，并且其发展前景明确可见。这样，其他人会明白模仿这些榜样行为可以让自己在公司获得晋升。

创造更好的关系生态

虽然许多标准的组织干预措施试图提供帮助，但它们却创造了无益的关系。例如，大多数企业都会采用员工调查和焦点

---

* 我最初是从艾伦·韦斯那里了解到"交叉授粉"技巧的。

第 10 章 原则八：超越藩篱

小组的方式，它们可能很有用，但如果你不小心，这些方式可能实际上意味着"我们要把'他们'变成一个研究对象"，从而使员工被物化。这是否证明了这些方式不够吸引人呢？让我们看看管理者为了让人们填写调查问卷都付出了什么。

我与一家全球投资银行合作过。当时，该银行有一份针对各部门员工的年度调查，某一共享服务中心的首席运营官决意要取得最高的回应率，因此他贿赂、哄骗并劝告其团队完成了调查。他赢了，回应率达到90%以上，比其他几个共享服务中心都要高。但正如你所猜测的那样，实际的回应几乎是清一色的谩骂（这就是为什么反馈会议被推迟好几个月！）。

与其像对待实验室里的老鼠一样对待员工，还有其他一些方法可以让他们参与进来并创造更好的关系动态。这些更开明的方法还具有另一个优势，即可以将信息收集、处理和响应的整个过程压缩成高度压缩时间段内的大规模并行练习。

要做到这些，有一个简单的方法，我称它为"开放空间"*。传统上，大型面对面小组可以采用这个方法，但我和我

---

* 开放空间（open space）最初是由哈里森·欧文（Harrison Owen）提出的，属于公共领域的范畴。如果你想在尝试该方法前获得更多信息，那么欧文的作品值得一读。虽然它可以很容易地由有过一两次过程经历的人在内部运行，但在第一次实践时值得聘请一位有经验的协调员。

的同事发现，我们可以对其进行改良，以适应在新冠疫情封控期间的线上环境——事实上，在封控期间它很好地解决了员工参与的问题。

如果要举办自组织的大型组会以解决对所有参会者都重要的问题，"开放空间"是众多方式中的一种。所要讨论的问题或焦点问题可能类似于："我们如何改进跨职能协作？"、"我们如何加速产品发布？"、"我们如何通过设施实现材料的更好流动？"或"我们如何在不同地区为客户提供无缝服务？"。

与大多数会议、外出日和务虚会相比，议程不是由组织者强加的，而是由参与者——与日常行动贴近的人——"现场"决定。收集信息、制定决策和响应计划同时进行，这比基于调查的缓慢决策周期要短得多。专栏 10.2 提供了一场"开放空间"活动的典型简报。请注意包容性语言如何避免突出"我们"与"他们"的任何区别。

我曾使用"开放空间"活动来为我的客户——"他们"服务。他们来自各行各业，有工厂员工、大学学者、社区利益相关者、年度外派的国家级管理人员。我们分别在安全和准时交付、教学创新、社区再生和战略收购方面取得了快速切实的改进。

第10章 原则八：超越藩篱

根据我的经验，这种方法得以成功的关键在于领导者的态度。"开放空间"可以消解"我们"与"他们"的相区隔感，而领导者必须为此做好准备。偶尔出现的难点是，领导者可能仍在试图保持他们必须想出所有答案的错觉。

专栏10.2

"开放空间"活动简报

- 我们是来解决……（焦点问题）的。
- 我们作为一个团体将确定议程，并且我们可以随时调整它。
- 如果你愿意，你现在可以决定开始一场会议，讨论你认为与我们的焦点问题相关的主题。
- 在房间中央，你会看到笔和纸。
- 制作报名表并宣布你的会议主题、时间和地点。
- 将报名表放入墙上的相关插槽。
- 由你主持会议并负责制作会议报告。
- 任何人都可以参加任何会议——请在报名表中签名。
- 请主持人在会议结束后发布会议报告。
- 我们将在白天重新审视议程。

只需要给予许可、空间和一些赞助（包括少量的廉价资源），"他们"就可以为你和你的企业创造奇迹。

不要强加：让人们解决自己的问题

在很多时候，提高绩效的最简单方法是让你想要纳入的人为你做这件事，或者实际上是为他们自己做这件事。

我与一家金融机构合作过，那时新员工的满意度很低，而且人员流失的代价高昂。员工感觉自己就像机器上的齿轮。他们不明白该如何融入自己的工作，也不明白自己有何价值。所以，公司的人员流失率高，绩效低迷。公司尽管在入职培训期间提供了大量的培训材料和课程，以试图解释这项工作的内容及意义，局面却没有丝毫的改观。

针对该问题，公司聘请顾问重新设计了入职培训方案，但无济于事。对此，公司的人力资源部门有些幸灾乐祸，尝试设计了另一套方案，但同样没有效果。

其实，解决方案很简单，只需在初级管理者的领导下召集新招的人员，并让他们设计自己的入职培训计划。

最成功的一个团队设计了一款交互式棋盘游戏，玩家可以在游戏中跟踪一场金融交易的各个阶段，并从实际操作交易系

第10章 原则八：超越藩篱

统的资深同事那里获得帮助。其中一些交易系统位于公司的同一栋大楼内，可以亲自前往。其他交易任务则需要拨打国际电话来完成。玩家们相互竞争以完成整个过程。当游戏最终完成时，无论输赢，参与者都掌握了从头到尾的整个流程，并开始在公司中建立他们所需的关系。

这个解决方案比高级管理者预期的更有创意、更有效且成本更低。当首席执行官再次来到公司并看到这个方案时，他立即支持将该方案进行全球推广，包括花费少量资金来专业化制作相关的游戏材料。

该团队提出的另一个想法是建立一个网站并发布组织内不同级别员工的采访视频。当新员工与高级管理者面谈时，他们对该管理者的了解也就增加了。

请注意，我并不是建议将游戏和网站作为员工入职问题的一般性解决方案。第9章谈到的一个关键点是，对于在表面上相似的组织问题，可能没有通用的解决方案。相反，我们需要量体裁衣，特定的情况需要特定的解决方案。而为了找到这些解决方案，让你的员工自己解决问题是非常值得的。

与其拆散"我们与他们"，不如重构两者的关系

有时，你可以使"我们与他们"的关系动态为你所用，而

不是试图拆散"我们与他们"。我的一位同事曾经接到一项任务，即帮助经历了灾难性事件的一家大型汽油配送中心加强安全性。这些事故并不罕见，公司每次的标准化反应都是在规则手册中添加内容，希望通过更多的规则来堵住漏洞并强制实施更安全的行为。然而，这样做的主要效果却是，管理层与员工之间的关系被破坏了。员工看到规则手册越来越厚，认为管理层传达了这样一种信息，即发生事故是员工的错。另外，员工对管理层的抱怨是：管理层期望安排和激励措施能更快产生效果，但这使得规则手册中的安全要求在实践中无法实现。

显然，对规则执行采取严厉措施取得了适得其反的效果。

促进组织发展的一个标准方法可能是，在认识到信念冲突之后，尝试在共同利益和价值观的基础上协商更好的关系。但在信任度如此低的情况下，举办价值研讨会和张贴告示的说服力就像让管理者和操作员围成一圈，手牵手唱 Kumbaya[①]一样。

在燃料库的情境下，行为越不安全（例如，在运送燃料之

---

① Kumbaya 是美国嘎勒族黑人的语言，是一种混杂着西非语言的方言，意思是"到这里来吧"。*Kumbaya* 本来是一首赞美诗。到了 20 世纪 60 年代，随着民谣的流行，*Kumbaya* 也开始流行起来，后来成为一些倾向自然活动的组织在户外举办篝火晚会时必唱的曲目。——译者注

第 10 章 原则八：超越藩篱

前不将卡车接地），灾难就越容易发生。我同事推荐的方法是，利用现有规则以及员工和管理层之间的现有关系来减少不安全行为、降低其发生率。

他建议在规则手册中添加一个附属条件：向管理层报告的每一项不安全行为都不会使该名员工受到纪律处分。所以，如果你看到同事做了一些不安全的事情，你可以向管理层报告这个行为而他则不会受到处分。但至关重要的一点是，为了确保员工的安全，如果发现了未报告的不安全行为，相关人员将受到纪律处分（这在所有人看来是合规的）。

这样做的结果是，员工注意到了不安全行为，会批评对方将所有人置于危险之中，同时也通过报告该行为来保护他免受纪律处分。最终，安全问题受到了更多人的关注，管理层也获得了可靠数据从而确定安全热点并设计永久性解决方案。请注意，试图说服员工改变他们对老板的看法是没有必要的，甚至不是特别可取。

练习——用新的眼光看待行为

在面对不受欢迎的行为时，训练自己问这两个问题：

1. "在什么情况下这种不受欢迎的行为实际上是有用的？"例如，散布谣言者通常是内部沟通的有用渠道。

2. "在什么情况下我们想要的行为是自然的反应？"例如，看看新冠疫情如何促成互联网视频软件（如 Zoom 和 Skype）的广泛使用。多年来，我的许多客户一直试图让人们购买它们。

如何看待客户？

约翰·莫蒂默（John Mortimer）笔下的大律师鲁波尔，由于其委托人向法院提供的证据不可靠，他在本应轻松胜诉的案件中败诉。之后，鲁波尔讽刺地说："有时，如果不是为了那些该死的客户，成为一名律师会容易得多。"

也许我们都有过同情别人的时刻。无论老话如何强调客户的地位，客户都不总是对的，即便如此，我也发现我的客户通常是我所期望的类型。因此，在与客户关系这一主题上构建"我们与他们"的叙事，对业务成功至关重要。我们将在下一章讨论这个主题。

第 11 章
原则九：客户参与

在你的业务中,"世界地图"的中心是什么?

2016年5月中旬,我去阿姆斯特丹参加会议,我在其他国家的同事也去了那里。这发生在英国举行脱欧公投前不久。尽管我和专家一样期待英国留在欧盟,但同事们取笑我,说我下次访问荷兰时会需要签证。他们还不留情面地跟我开玩笑,怀疑我可能都没有机会进入荷兰!

一位同事甚至说道:"英国必须习惯于它不再可以统治世界的事实。"

我反驳说,荷兰人也有同样的问题:历史上,英国的世界地图以伦敦为中心,荷兰的世界地图自然而然地以阿姆斯特丹为中心!一位与会的巴西人听了之后,笑着说他正是在作为世界地图中心的美洲长大的。

我们认为处于地图中心的东西最重要。所以,问题来了:在你的业务中,"世界地图"的中心是什么?

我敢打赌,你的企业位于中心。或者,如果我们深入地研

第 11 章 原则九：客户参与

究，我们会发现一系列视角。事实上，各种部门——财务、营销、运营、IT、研发、销售、人力资源等——看待世界都是将自己视为中心。

很少有组织能真正将其业务中最重要的元素放在中心位置。当然，我这里指的是客户。作为业务领导者，确保以客户为中心是你所能做的最重要且最有力的事情之一。你可以通过很多方法做到这一点。例如，你可以：

• 让自己沉浸在客户的视野中。如果可以，购买自己企业的产品。拨打你企业的求助热线，订购一些东西。如果你自己无法做，让你信任的人去做。（我知道这听起来像是神秘购物——确实如此，但不同的是，在有决策权的领导者接触到神秘购物项目之前，通常这些项目已经被过滤掉了。我建议你可以自己去看看。）

• 制作一些客户旅程图。这往往可以产生很多有意义的见解，而且很容易操作（有些人总是会做得特别复杂，但坦率地说，很多视频解释了如何做得更好以获得结果）。

或者，你可以采用本章提供的方法，让客户参与其中。

低风险创新

将客户视为外部是很自然的

大多数企业在说到"以客户为中心"时都会头头是道，但即便是最好的企业，它的表现也是不均衡的。当然，销售和市场以及创新部门可能会专注于客户，服务部门也可能如此，虽然更多时候人们对后者的看法只是一厢情愿。研发部门不一定能做到这一点，他们有时对技术比对人更感兴趣。运营部门可能更多地将客户视为一种障碍而非设立该部门的理由。此外，许多从事财务和人力资源工作的人压根从未见过客户。

以客户为中心的领导者不得不面对这样一个事实，即员工将客户视为业务的"外部"是一件再自然不过的事。毕竟，就实际情况而言，客户并不住在你的大楼里。* 他们当然会进入零售店，但只是作为外部访客，他们也很少出现在总部、呼叫中心或工厂。无论员工处于什么级别，都很少与客户面对面。如果面向客户的员工被聊天机器人取代，这种情况将变得更加真实。

---

* 新冠疫情对企业使用物理空间产生了巨大影响。未来这种变化将如何发展尚不清楚。但显而易见的是，领导者应该考虑网络以及物理空间使用的变化会如何影响与客户的关系（更不用说与供应商、合作伙伴和其他利益相关者的关系）。

第 11 章 原则九：客户参与

客户是"我们"还是"他们"？

在上一章，我们看到了如果将其他人视为"他们"将如何限制我们的互动方式并将我们锁定在对立的模式中。如果以我们有限的视角来看待"他们"，我们就会看不到他们的潜力。而如果我们能够超越这些限制，有价值的解决方案就会在我们眼前展开。

企业考虑客户的方式存在多重局限性。专栏 11.1 提供了一些示例。

专栏 11.1

限制对客户的态度

口头表达的想法——可以说出

- 承认虽然由客户买单，但他们真难伺候。

不言而喻的想法——只是与朋友分享

- 开玩笑说如果没有客户，经营业务会更容易！

无意识的想法——不好说出，包括对自己说

- 创建"我们与他们"的错误叙事，忽略我们自身也是客户的事实。

- 将我们所在组织的失败投射到"他们"身上。

- 企业需要客户,所以我们可能被客户牵着鼻子走,由此对客户心存怨恨。

- 走阻力最小的路——只要可以获得报酬,不愿多出一分力。

波音公司提供了关于企业与其客户相对立的最清晰且最令人震惊的现代案例,即737 MAX飞机成为死亡陷阱。①

呼叫中心为谁服务?

所有的呼叫中心都可以作为与客户相区隔的案例典型,这一点似乎并不引人注意,但却是时常发生的。你可以很快发现某个呼叫中心的服务功能是否将客户置于业务之外。

我曾听到我朋友的女儿打电话给一家巴士公司询问它的时

---

① 面对空客的竞争,波音公司在其最畅销的客机737的基础上推出了737 MAX,以顺应小型、高效、更长航程的客机发展趋势。波音737 MAX飞机于2017年投入市场,在2018年10月29日和2019年3月10日分别发生坠机事故,共造成346人死亡。美国国会在2020年9月16日发布了这两起空难事件的调查结果:事故是由波音公司工程师的技术失误、波音公司本身不透明的欺诈行为,以及美国联邦航空管理局监管的重大疏漏所共同引发的。为了得出这份调查结果,美国国会共计举办了五场调查听证会,综合审阅了60多万页文件及知情人士的告密信息,并对波音公司及美国联邦航空管理局做了专访,最终认为美国联邦航空管理局必须进行大范围的航空业改革。——译者注

第 11 章 原则九：客户参与

间表。由于在公司网站上查不到，她拨打了网页上显示的"帮助热线"。向她"打招呼"的是惯常的机器人声音："欢迎致电 Acme 巴士公司……您有两种选择。"经过几次按键后，她接通了接线员的电话，询问自己想要搭乘的巴士的发车时间。

"我们是米德兰兹组。您需要问东南组。我来为您转接。"

她还没来得及说话，电话就中断了。她不得不加入等待的队伍，接下来是五分钟不间断的铃声。

她沮丧地挂断了电话，又重新拨通了电话，机器人声音再次响起："欢迎致电 Acme 巴士公司……您有两种选择。"

她按照提示按键，再次接通了接线员的电话并寻求帮助。

回答如出一辙："我们是米德兰兹组。您需要问东南组。我来为您转接。"

"不，等一等！先不要转接！刚刚就有人给我转接了，结果我听了五分钟的铃声，我想知道真的就没有人接电话吗？你就不能告诉我那趟巴士的发车时间吗？"

"东南组（请注意，又一个相对立的'他们'出现了）可能很忙。他们（和'我们'）在同一个办公室——我看到他们都在打电话。"

"什么？

明明时间表就在计算机网络上并且两个组都在同一个办公室，这家巴士公司为何还要进行区域划分？另一个组就在邻座，为何还要将客户转移到漫长的呼叫队伍中？他们为什么不直接处理客户的查询问题？局部知识如此重要吗？

显然，该公司的服务功能是着眼于业务的内部便利性，这是一个不包含客户在内的内部世界。

练习——你作为客户的最佳体验和最差体验

这种简单而有效的练习对于组织内所有级别的人员来说都有好处。想想成为客户是什么感觉。此处，请分别回想一个最佳体验和最差体验的例子。

例子	如何开始的？	过程如何？	如何结束的？	可以借鉴的经验
作为客户的最佳体验				
作为客户的最差体验				

第11章 原则九：客户参与

当客户成为业务的一部分

在许多企业，让客户参与其中的方法远远没有被利用。但仍然有一些企业不遗余力地让客户参与其中，并因此获得了对内部人员而言本不可见的对创造新的增长和生产力的洞察。

与客户共创价值

麦肯公司曾经面临一次严峻的创新挑战：如何为"可以在超市里买到冷冻马铃薯制品"这一业务提出新的建议？从表面看，这不是一个适合创新的领域。内部人员认为他们了解该业务的所有方面，并且对新想法持并不特别开放的态度。这不是傲慢，他们只是不认为还能有什么新花样。在我的同事杰克·马丁·利斯（Jack Martin Leith）等人的帮助下，公司举办了消费者"开放空间"会议（这一概念见第10章）。最重要的是，邀请了内部关键人员——作为"见证人"参加。令他们惊讶的是，"见证人"获得了关于公司产品被如何看待的各种见解，由此提出了一系列新想法，其中两个想法催生了销量高且盈利的新产品。一些最抗拒的内部人员对这种方法非常感兴趣，并成为这些新举措的忠实拥趸。我们使用类似的方法，在

B2B 以及 B2C 两种模式下也取得了非常好的效果。

乐高如何以全新视角应对人才问题

相较于上文提到的邀请客户参与其中，乐高则更进一步，它通过招募客户解决了一个根本问题。此前，该公司竭尽全力聘请他们能找到的最优秀的设计师。当然，基于自身的品牌，乐高确实可以接触到一些非常优秀的人选。但问题是，设计师们尽管能力高超，却未能理解乐高的精髓，用户对他们的精良设计似乎并不感兴趣。

之后，公司突然意识到，它拥有一项被低估的资源，即成熟的成人用户社区。它把问题颠倒过来：也许成人用户社区的一些成员恰好是设计师？有一些人确实是，这些人被招募进公司，设计出许多获奖产品。

更多让客户参与其中的方式

你的客户比你更了解他们想要购买什么产品。那么，你该如何让他们尽可能广泛地向你分享这些知识？

第11章　原则九：客户参与

邀请客户决策者与你的员工交谈

这一点很容易做到。根据我的经验，大多数企业在这方面还可以做得更好。客户通常会很乐意受邀与供应商的员工交谈。你可以带他们参加企业职工大会或邀请他们进行实地考察。如果他们不能出席，看看能否让他们通过视频发言。这样做有很多好处：

• 客户强调质量、准时交货以及服务的信息比经理的说辞更可信，因为客户不会被认为另有所图，比如想要获得更多的奖金。

• 员工喜欢看到他们自己的努力得到客户的赞赏——而大多数情况下员工都没有收到这样的反馈（即使老板告诉他们同样的话，也不如直接从客户那里听到的令人信服）。

• 客户非常喜欢这种方式——你十分重视他们的意见，这就是一种高度赞美，会加强双方的关系。

• 你将有机会在安排和接待客户访问时与客户进行非正式交谈，从而获得你可能错过的宝贵见解。

解构客户的评价

诚然，征求客户的推荐对营销来说是非常重要的。但它还有另一个不太明显的好处：你可能会惊讶地发现，你对客户的价值比你想象的要高！

这种意外价值的好处在于，你获得了对组织内有效做法的证据，基于此，你可以让业务对客户更有吸引力。你还可以发现新的增长机会，且成功的概率很高。

就拿我服务过的客户举例，我注意到他们的推荐中有一种模式。我获得的意外价值是：我给了他们支持和鼓励，让他们坚持自己的立场。

一位领导者说我帮助她和她的董事会"在我们周围的一切失去控制时，仍坚持战略路线"。另一位客户是一家营销机构的创始人，他说我帮助他的企业"发挥潜力而不屈服于向愿景妥协的压力"。他说，其中很大一部分是保持了与其高端定位相称的费用。他还表示，这种建议非常适合那些不希望自己的愿景"在此过程中迷失、脱轨或被稀释"的人。

我没有意识到我工作的这一方面如此受到人们的重视。自此，只要这方面内容与我潜在的咨询客户相关，我便会强调它。

第11章　原则九：客户参与

练习——使用用户评价来寻找隐藏的价值

1. 收集一组客户推荐。

2. 首先，寻找告知你新信息的常见模式。可以找第三方从客观的角度来帮助你以新的眼光寻找这些模式。你能找到我们在前面所讨论的那种意外价值吗？例如，寻找：

- 客户所描述的使用该产品或服务获得的好处，这应该区别于你在营销材料中所描述的。

- 你员工的表现超出预期的例子。

如果想要获得客观的视角以发现你可能错过的信息，可以让优秀的营销文案创作者为你查看用户评价。

3. 接下来，回顾第5章（深挖隐性）的内容。用户评价是否说明你拥有一些隐性资源，你可以使它们显现出来并重新组合以释放新的增长潜能？

进行深入对话并仔细聆听

亨利·福特曾说过："如果我问顾客他们想要什么，他们会说'一匹更快的马'。"（顺便说一句，他是否确实说过这句话值得怀疑，但在这个假新闻泛滥的时代，许多人会认为这是"一个好得无法检查的故事"。）

即便是杜撰之言，"更快的马"的表述也提供了一些指导性的教训。在大多数情况下，人们认为这句话恰好证实了客户难以表达他们想要什么，所以询问客户的意见毫无益处。你只会听到一些无关紧要的比较级描述，比如"更快的马""更薄的智能手机"等。这种观点有一定的道理，但是，如果这些描述可以鼓励人们将想法原型化并观察现实世界中人的行为，那就是其有益之处了。

此外，还有一个教训也同等重要。如果你知道你交流的目的，那么即使客户的反馈不是根本性的，他们也可以提供一些非常有价值的东西，即对事物的洞察力。

如果用"汽车"代替"更快的马"，福特的说法就平平无奇了。但是，我们要忘记"马"这个词，我们要注意的词是"更快"。正是这个词蕴含了潜在的洞见。要将这种潜在的洞见转变为真实的洞见，只需问一个三岁孩子最喜欢问的问题："为什么？"

为什么要更快？答案将取决于受访者：

第11章　原则九：客户参与

我希望它更快，因为这样我就能更快地去城里买杂货，然后回到农场工作（假设是1908年的工作方式和技术）。

我从事通信员的工作，人们都希望他们的信能尽早获得回复。如果我能提高服务速度，我将获得比竞争对手更大的优势。

那么，这样来看，低端的想法在某种程度上就变成了真知灼见！在上述两种情况下，凭借着对事物的洞察力，我们可能会想出一堆真正好的点子（汽车、电话、杂货配送服务），以更好地满足客户的需求。

如何能系统性地发现这些洞见呢？有很多方法，但一个好的开始是在不经常交谈的人之间创建全新的对话（例如，不经常光顾的客户和不经常外出的员工之间）。

此外，你必须确保你能真正倾听且听到一些内容，并挑战"每个人都知道"的你所在行业的运作情况。

改变给关系贴标签的方式

很少有律师谈论他们服务于客户，他们的服务对象是委托人。心理治疗师也倾向于将其治疗对象视为委托人,精神科医生则将其治疗对象视为患者。学者经常抵制将学生描述为客户的企图,即使这些学生可能支付了高昂的费用。人们为什么关心这些标签?因为人们用来描述支付账单的人的语言包含了关于关系的不言而喻的假设。

一些企业通过寻找建立关系的新方法创造了非常有价值的优势。表11.1提供了一些示例。

表11.1 建立关系示例

外部客户	内部客户
信用卡客户	会员(如美国运通①)
咨询客户	智库准会员(如Interchange Research②)
股权投资者	有限合伙人(私募股权)

你能否做类似的事情?与你的"客户"一起探索将很有帮助。

这里需要附加说明一点。你当然可以改变你的语言描述,

---

① 创立于1850年,总部设在美国纽约,是国际上最大的业务涉及旅游服务及综合性财务、金融投资及信息处理的环球公司。——译者注

② 一家国际智库,通过最少的必要行动快速实现了永久性、全面的公司转型——决策者在"不可能"的时间范围内实现了雄心勃勃的目标。——译者注

第 11 章　原则九：客户参与

以便让人们为新瓶子里装的旧酒买单。但聪明的客户必然会对此心生疑虑。实际上，你需要根据新标签重新思考你与客户的关系，从而为各方创造独特性以及新价值。

让客户成为故事的主角

在给营销文案创作新手的头几条建议中，有一条是在文案中自由地使用"你"这个代词。相比之下，如果你粗略浏览几家企业的网站，你会发现它们大多都在谈论"我们"。这些企业过多地谈论自己，从而画地为牢，陷入了误区。它们强调自身引以为豪的历史、成就、技术以及认证。它们构建的营销方式将客户置于业务之外。

为什么谈论自己是企业的常态呢？它们很可能只是在反映自身日常关注的内容：它们自己的专业知识、流程和目标。而且，如果以完全公正的立场来看，它们也有为自己建立信誉的正当需要。这种平衡十分微妙，因此这也是优秀文案获得丰厚报酬的原因之一。

要重新获得平衡，下面的方法将有所帮助。问问你自己和你的团队："谁是主角？是我们的业务还是我们的客户？"答案通常是客户。毕竟，正如唐纳德·米勒（Don Miller)[1] 所指出的，人们是自己故事的主角。不论你的业务多么重要，客户都会将它置于配角的位置，这一点是可以理解的。

你可能在某种程度上认同这个想法，但可能仍然想知道，"如果客户是主角，如果我们的信息都围绕着客户，那么我们如何传达我们的价值、专业知识、技术和可信度呢？"

其中一个答案是有效地发挥你的支持性角色：例如，你可以作为他们的导师、向导或盟友。* 你与客户的关系可能像欧比旺和卢克[2]，墨菲斯和尼奥[3]，或者善良女巫和多萝西[4]。这种典型的思维方式巩固了主角——客户——作为行动中心的地

---

[1] 唐纳德·米勒，"故事品牌"首席执行官，每年都帮助3 000多家企业领导者更加清晰地阐述他们的品牌信息。米勒的诸多作品在《纽约时报》畅销书榜单上的登榜时间都超过一年之久。——译者注

* 见唐纳德.米勒所著的《你的顾客需要一个好故事》，该书从品牌定位的角度清楚地阐述了这个想法。

[2] 科幻电影《星球大战》中的人物。欧比旺是一名绝地武士，担任过卢克·天行者的启蒙导师，对天行者家族的命运具有重大影响。——译者注

[3] 科幻电影《黑客帝国》中的人物。墨菲斯和尼奥都是从矩阵中觉醒的人类代表，墨菲斯是人类反抗军"尼布甲尼撒号"的舰长。尼奥原本总是在半梦半醒之间，分不清真实和梦境，最终被墨菲斯引导着脱离了矩阵，看到了真实的自己。——译者注

[4] 童话作品《绿野仙踪》中的人物。美国堪萨斯州的小姑娘多萝西被一场突如其来的龙卷风带到了一个遥远的地方。为了回到家乡，她听从北方善良女巫的建议，与小伙伴们一起踏上了漫长旅途。——译者注

位。至关重要的是,这样做并没有降低导师的信誉和声望。

想想典型导师[①]是如何与偶尔厌学的受指导者建立联系的。导师敢于挑战、出其不意、充满信心、迷人且理性。他们对受指导者的期待往往比受指导者自己还要高。他们知道必须亲身示范以建立自己的信誉,而不是仅仅通过语言。同样,上述这些素质也可以体现在你与客户的关系中。

让客户关系超越"我们与他们"的范畴

道格拉斯·赖特(Douglas Wright)餐厅是麦当劳在英国的领先特许经营商。从2002年的第一家餐厅开始,道格及其团队已经将业务发展到拥有20家餐厅、大约2 000名员工以及营业额超过5 000万英镑的规模。这家以注重流程著称的企业率先推出了对增长至关重要的灵活就业政策,同时提供了麦当劳得以享誉全球的一致性服务。

道格体现了让客户参与其中的想法。他很清楚,餐厅的员工往往由客户转变而来,也会来自客户所居住的社区。

[①] 一般来说,导师是一个经验丰富、值得信赖且睿智的人,通常会向年轻人提供建议。典型导师是文学中常见的人物,通常为主角提供指导,在塑造他们的角色发展和促进他们自我实现方面发挥关键作用。——译者注

道格认为许多企业面临的一项关键挑战是"将全球品牌本地化"。这意味着融入当地社区，以便客户、员工和潜在员工能够超越陌生的企业实体，从而看到品牌背后的真实人物。要做到这一点，就需要在流程纪律与人情味之间取得平衡。

他们并没有一开始就这样做。道格和他的团队在早期的经营方式"像在军营里一样严格"。他们按部就班（指的是严格遵守麦当劳的员工手册）。但团队很快意识到，在他们所在的地区，"按部就班"并没有给他们赢得他们所需的品牌忠诚度。因此，他们坚持自己的方法，并决心不遗余力地根据每个人的独特需求让事情运转。"最大的灵活性"成为他们的口头禅。

正如道格所解释的那样："与其告诉员工'手册说不可以'，不如我们自问'我们如何能说可以？'"

他继续说道："如果有人因为还有照护工作而只能工作四天或一段时间，如果有人想要无限期休产假，甚至休一年的假去旅行，只要他们忠于工作，我们都会满足他们的要求。这就是我们作为雇主的不同之处。我们关注留住人才而不是重新招聘。我们一直在思考人才储备问题，这样就有空间为员工晋升做准备或为新餐厅配备人手。这样一来，我们的员工忠心耿耿，当地社区也无比信任我们。"

第11章 原则九：客户参与

让客户参与其中的想法是道格的餐厅得以发展的基础。道格的团队从不太成功的经营者手中接管餐厅并实现成功转型，这进一步突显了该原则的实用性。

客户知道什么是有效的

正如我们在企业内部和企业外部的角色不同一样，我们自己也都是各种各样的客户、贡献者和社区成员。在这些角色之间转变视角是非常有价值的。但我们大多数人不会刻意去这么做。

我们很自然地将自己置于自我地图的中心，也将自己看成我们自己故事中的核心人物。但是在与客户的关系方面，通过将他们放在中心位置，我们可以受益无穷。*

无论企业现在的表现如何，这一点都是如此。即使是平庸的企业，只要它有客户，它也在发挥一些作用。而这些企业可以做得更好，方法就是：让客户参与其中，找出企业在哪些方面做得好，深入理解支撑企业取得任何成功的资源，并在此基

---

* 自新冠疫情危机以来，这一切实际上可能变得更容易实现了。客户、员工和高层领导者之间的界限不再像以前那样难以跨越，只要一个视频电话，对方便清晰可见。

础上以更连贯的方式进行运作。

而一家已经享有良好客户关系的优秀企业，可以通过与客户合作获得进一步的发展，继续开发和利用独特的资源，以确保自身长盛不衰。

第 12 章
原则十：欲扬先抑

低风险创新

无线电信号从地球到达火星探测器需要多长时间？答案是4~22分钟，具体时间取决于两颗行星的相对距离。这意味着如果你想控制探测器，你不能仅仅把它当作一台无人机，给它装上一个摄像头，然后在任务控制中心使用控制器让它运行。

为什么？因为在信号从地球到达火星到再返回地球总计8~44分钟的时间里，你的探测器可能已经驶过悬崖边缘并掉落下去。为了控制探测器，你必须建立并依靠它自主感知和响应周围环境的能力。为了完成任务，你必须给予控制权才能获得控制权。

同样，如果你想让你的组织对市场和客户反应迅速，你不能将每个决策都上升到高级管理层。不然，你就会落后于人、措手不及。此外，你还会给员工带来一种习得性无助感。没有什么比这种被动性和无意义的等待更能减缓组织发展的速度了。

与自认为"精明务实"的管理者一起工作时，火星探测器的教训尤其值得借鉴。这一类型的管理者对授权和包容之类的

第 12 章 原则十：欲扬先抑

想法通常不接受。他们认为这些概念过于感性化和理想主义。但是，火星探测器的教训并非要我们承认其作为机器人的尊严。它只是工程设计的必然产物。

给予控制权以获得控制权的组织可以收获更快决策、更接近行动的价值。在一个比以往任何时候都更难预测的世界中，这项原则提供了一个可靠的优势：客户问题更快得到解决，你可以保持领先于竞争对手，而且项目进展得更快。

值得注意的是，控制权下放可能会超出合理的范围。领导者面临的关键问题是平衡自主权和直接控制的权力。

只要求"想方设法"完成，是懒惰且无效的

据称，在 20 世纪 30 年代的一个中欧国家，新成立的政府命令一家枪支工厂的管理层停止制造武器，但工厂需要保持经营并继续支付工人工资。当工厂管理层询问应该如何做到时，得到的却是这样的答案："想方设法"。

"想方设法去管理"——这种管理方式如今依然盛行。设定一个愿景，然后像让-卢克·皮卡德[①]在进取号飞船上说"让

[①]《星际迷航》的主角，《星际迷航》是美国派拉蒙影业公司制作的科幻影视系列作品。——译者注

285

它成真"。这确实让人感觉良好。当然,管理者可以声称这就是授权和赋权——这是好事。但是,皮卡德依靠的是一支纪律严明、训练有素的队伍,以及由火箭科学家制定的严格程序。即使是皮卡德,也不能强制做不可能之事,或者如果他关心士气,他也不能强制做不合理之事。

按照目标实施管理是一个很好的方法。但正如政治煽动者一贯表明的那样,仅仅提出愿景和目标是不够的。授权不是退位,而且如果管理者无法全部自己做,他们有责任确保以下事项:

• 组织计划、举措和安排三者组合为一个充分的框架,以实现他们自己设定的战略目标。

• 上述计划和举措获得充足的资源支持;

• 有足够的闲置资源和应急措施来应对必然的困境。

• 进度跟踪足够严密,且反馈渠道有足够的响应能力,以及时进行调整。毕竟,意图再好,也避免不了计划和安排出错或不合理。

有很多工具可以帮助做到这些,而且在很多时候员工中也有人知道怎么做,只是他们没有发声(当然,有时这些人在讨论方法论之外的任何事情时都显得嘴笨舌拙,以至于他们是自己最大的敌人，但那是另一回事了！）。

如果提出一个戏剧性的愿景或延伸目标，然后"想方设法"要求其成真，且不去承担设计一个可行的实施方案的责任，这种领导方式也许看似灵活多变，但实质上却是懒惰且无效的管理。

专栏 12.1

"想方设法去管理"可能是一种恶意

我与一所组织氛围完全失调的大学合作过。副校长（本质上是首席执行官）创造了他所谓的"内部交易模型"。他的想法是这样的：每个部门，无论是学术部门还是支持性职能部门，都作为利润中心运作，可以自行支配本部门的预算，且不用服从使用内部服务的传统要求。因此，比如说，商学院可以将教学任务"转包"给心理学系，既可以选择由学院复印室完成印刷工作，也可以将印刷工作委托给 Kall Kwik 等外部供应商。该模型宣称有两个设计思路，如下：（1）它将诸如复印等支持性职能暴露于外部竞争环境中，这将提高质量及性价比；（2）它赋予领导者自主权以及自决意识。

该模型奏效了吗？毫无可能。因为副校长暗中操纵了市场，规定了每个人的成本——显然，他可以关闭服务部门。而他的另一个动机似乎是,他不用承担组织绩效低的责任。他会说:"我已将责任移交给你。能否实现结果取决于你(即使我在操纵市场,你也要想方设法去实现),所以,如果你不喜欢你得到的结果,那是你的错。"

愿景不会自动实现

"想方设法去管理"的思路是:因为你愿意做某事,或因为你坚持这样做,或因为它在逻辑上符合你的理论或意识形态,那件事就会以某种方式——神奇地——实现。这是在说"失败不是一种选择",但很明显失败是一种选择。一名真正有能力的管理者会忙着把预防和缓解行动落实到位,而不是依靠信仰和肯定。

正如任何一位废话大师所知道的(以及董事会成员应该记住的),设定一个戏剧性的愿景或一系列延伸目标,然后"想方设法"要求其成真,从而逃避制定可行的实施方案的责任,这样做可以让你维持很久——只要你在把账算清楚之前开启下一份工作。(你在报纸上能读到这样一些故事,有些人最终就是以这种方式经营上市公司甚至治理国家的。)

第12章　原则十：欲扬先抑

姑且不谈这些更为极端的例子，如果一项战略计划包含"令人信服的愿景"和诸多看似对应的关键绩效指标，但两者之间却没有真正的联系，这样的情况你遇见过多少呢？它们就像没有任何果酱夹层的三明治。

愿景是至关重要的，否则你的策略便是趋于平庸且渐进式的，它们只是你去年所列计划的延伸。但愿景并不是"想方设法"去实现的。

米其林的"责任化"计划

轮胎制造商米其林一直秉持内部赋权的传统。但在21世纪初早期，它顺应了由大型管理咨询公司推出的着重于关键绩效指标的集中管理系统的趋势。人们倾向于机械性地思考组织的功能，使得这些方法得以发展起来——组织被视为计算机，员工则被视为处理单元。米其林的问题在于，沉迷于自上而下的关键绩效指标扼杀了主动性和创造力。（米其林的经历远非个案。3M[①]是另一个广为人知的例子，在引进六西格

---

　① 3M是一家美国企业，成立于1902年，是一家历史悠久的多元化跨国企业，以产品种类繁多、锐意创新著称于世，服务于通信、交通、工业、汽车、航天、航空、电子、电气、医疗、建筑、文教办公及日用消费等诸多领域。——译者注

玛①的超级标准化方法之后,公司发现其著名的创新文化被破坏。在英国,关键绩效指标这样的"游戏"产生了意想不到的负面后果,使得新公共管理②运动招致抵制。)

米其林的高层决定做一些与追求关键绩效指标的趋势完全不同的事情。在2012—2019年让-多米尼克·塞纳德(Jean-Dominique Senard)担任首席执行官期间,公司在一项名为"责任化"的计划中大幅提高了一线员工的自主权,这种做法一直持续至今。*

公司最初在少数几家工厂中进行实验,团队领导者向工人提出以下问题:

---

① 六西格玛(Six Sigma)是一种管理策略,由当时在摩托罗拉任职的工程师比尔·史密斯(Bill Smith)于1986年提出。这种策略主要强调制定极高的目标、收集数据以及分析结果,以此来减少产品和服务的缺陷。从20世纪90年代中期开始,通用电气将一种全面质量管理方法转变为一种高度有效的企业流程设计、改善和优化技术,并提供了一系列新产品/服务开发工具。——译者注

② 20世纪七八十年代以来,规模庞大、机构臃肿和公共财政赤字严重的西方政府越来越难以应对经济全球化、信息化以及知识经济带来的巨大压力。于是,西方各国先后开始了"重建政府"的改革,人们将这一改革浪潮称为"新公共管理"(New Public Management)运动,以区别于传统的公共行政模式。其主要思想包括以下几个方面:实行分权、政府服务以顾客或市场为导向、在公共服务中引入竞争机制、关注结果、放松严格的行政规则。——译者注

* 关于"责任化"的更多内容,参见《哈佛商业评论》2020年7-8月期,加里·哈梅尔(Gary Hamel)和米歇尔·扎尼尼(Michele Zanini)合著的《驾驭日常天才》,以及《解释者:米其林的"责任化"》。

第 12 章 原则十：欲扬先抑

• 没有我的帮助，你能做出哪些决定？

• 如果没有维护、质量或工业工程等支持性部门的参与，你能解决哪些问题？

所确定的典型领域包括排班，而随着人们经验的增加，生产计划的各个方面也被纳入进来。工人被赋予经营和改进这些领域的责任。团队在一个框架内工作，这个框架包括团队的愿景和价值观、对员工的期望行为、资源可用性等硬性限制以及法律和安全规则。工人还获得了资源和技能上的支持，拥有广泛的自由以取得成果。该团队评估自己的表现并与工厂中的其他自主团队进行联系。

同时，这种做法鼓励团队领导者后退一步，将其角色从"决策者"转变为"推动者"。他们现在扮演着教练的角色，或者在出现分歧时充当裁判。团队吸取的教训慢慢在公司各处传播开来。米其林估计，该计划给公司带来的改进价值达 50 亿美元，且创造了一种具有更高信任度及忠诚度的文化，为进一步获得收益提供了平台。

保持领导者的意图

领导者如何确保在保持自身意图的同时，允许员工有必要的回旋余地以实现这一意图？要测试这个问题的答案，最具挑战性的领域是军事领域，因此寻找解决方案也可以从该领域开始。事实上，人们一直在从军事组织模式中寻找管理思路。然而，对军事组织的思考已经发生巨变，而这并不一定反映在许多企业的结构和实践中。

很多企业人员对当今军事战略家所认为的有效指挥方法有着过时的观念。传统的指挥和控制等级观认为，命令是从高层沿着中间管理层的链条逐级下达的。这种模式在第一次世界大战消耗战的巨大浪费中达到了顶峰，而如果要在快速变化的环境中有效部署资源，这很难说是可取的。

正如军人所说的，"没有任何计划能在遇敌后继续执行"。身处战火之中的人需要根据当下的情况做出决定，而不是像许多倒霉的呼叫中心接线员那样受到脚本和固定程序的限制。正如我们所见，火星探测器作为一个真正的机器人，当它开始在火星上漫游时，必须被赋予足够的自主权和信任度以便做出转向的决定。

军事战略家和"任务合同"

我们在第 8 章第一次谈到有影响力的军事战略家、美国空

第 12 章 原则十：欲扬先抑

军上校和战斗机王牌飞行员约翰·博伊德。博伊德指出，纵观历史，当较小的军事组织找到保持指挥官意图的方法，同时在任何行动的最后阶段尽可能多地下放战术决策权时，他们能够战胜更大且更强劲的对手。

除了军事领域，博伊德的研究还影响了许多商业思想家，尤其是汤姆·彼得斯（Tom Peters）。博伊德本人热衷于研究丰田的生产系统，他将其视为一个（独立开发的）商业示例，秉承了与他自己的理论相同的原理。博伊德的研究由他的追随者继续推广，而将其想法引入商业世界的领军人物是切特·理查兹（Chet Richards），他探讨的概念之一就是任务合同——一个实现赋权但不弃权的宝贵框架。

任务合同涉及对结果负责任的主体转变。基于对博伊德上校和理查兹博士的影响的认可，存在通过洽谈任务合同进行授权的模板。我已经非常成功地使用了这个模板来指导客户：无论是极力摆脱微观管理倾向的新领导者，还是无休止地通过打报告向上级请求授权的经验丰富的领导者。

任务指派的"REWARDS"形式

如果领导者不能将工作任务指派给其他人并使其达到规定

的标准，那么他就无法建立影响力。随之，组织的生产力将受到领导者个人工作时长的限制。

用乔治·巴顿将军的话来说就是："不要告诉人们如何做事，也不要告诉他们要做什么，结果一定会让你大吃一惊。"除了从他人的聪明才智中受益之外，这样做还有另一个好处。如果你过于明确实现目标的方法，在遇到意想不到的障碍时，有些下属便会半途而废，把任务扔回给你，并称："你告诉我要这么做，但这样行不通，所以我只能放弃，现在交还给你。"相比之下，如果你指定了目的地，而非具体路线，那么他们仍然有责任找到自己的路——他们可以与你协商并请求你提供额外的帮助，但不能中途放弃。

以下是一种非常有效的形式，它基于英国陆军的"任务指挥"流程。为了便于记忆，我使用助记符"REWARDS"来表示。

R——所需的结果。

E——成功的证据。

W——为何结果重要？

A——同意签订协议。

R——资源和支持协商。

第12章 原则十：欲扬先抑

D——记录程度。

S——支持授权。

以下是更详细的步骤介绍：

所需的结果。分配你想要的结果，而不是方法。让人们对结果负责，而不仅仅是遵循流程或完成清单。当然，你应该提供帮助、指导、经验证的流程和工具，但要明确指出，工作是要获得结果，而不仅仅是走完流程。

成功的证据。双方如何确定自己获得了结果？有一个问题十分常见且让人不堪其扰：你要求某人做某事，而你得到的不是你想要的，但你知道这个人是如何出错的。最终，你要么接受你不想要的结果，要么把工作重做一遍，后者确实是件麻烦事。问题的根源通常是用语不明确。要绝对地说清楚你想看到、听到和（或）感觉到什么，这样也是在确认结果。例如，"我真正想要的，是我的办公桌上只有一页纸的新闻发布稿，所有确切的细节和联系方式都已经填好，可以让读者觉得他们想要立即拨打电话听故事"。

为何结果重要？明确说明为何结果在上述两个目标层面都很重要。这就是"提炼精华"。个人的工作，尤其是员工的工作，可以视为与鲜活的客户世界完全脱节。解释你要求的结果如何有助于达成企业的使命，它可以帮助人们获得动力，表明你的要求是合理的，并且可以让员工在遇到问题时"即兴发挥"。

同意签订协议。 明确表明你是在提出一项协议——询问他们是否接受。你可以强迫人们做事，但这与授权是两个概念。相反，你可以问他们："你准备接受这项任务吗？如果你接受，你就要负责。"要警惕的是他们一般不会自动接受。考虑扮演魔鬼的拥护者。也许他们应该在做出承诺之前去做一些研究，而如果他们还很年轻，这便是一个指导和开发其潜力的大好机会。

资源和支持协商。 允许对方协商对规范的更改，涉及资源、支持和基本规则。在理想情况下，你希望有人会说："是的，只要我有以下资源，我就可以为你实现这一目标。"协商的过程对建立承诺至关重要（这是转移责任的固有过程）。

记录程度。 在某些情况下，一封简单的电子邮件就足够了。而在另一些情况下需要提交类似于项目提案的内容，包括里程碑、指标等。你对合理记录的决定将取决于许多因素，包括你对员工交付能力的信任度。

第12章 原则十：欲扬先抑

支持授权。对他们进行支持和监督，但不要为他们解决所有问题。授权和退位是有区别的。

完成后，确认结果并发放奖励。这一步不一定要大张旗鼓，但不应该跳过。由于真正的动机源于内在，因此最好的奖励是帮助他人获得个体满足感以及建立对自我能力的更多认识。

设置"不可能但有趣"的挑战

不要将我上述对"想方设法去管理"的指责误解为建议大家不立志。给员工设置挑战以释放其才能是有意义的。但"想方设法去管理"并没有给他们营造一个取得成功的环境。我们需要营造这个环境。一个很好的方法就是设置"不可能但有趣"的挑战。与其尝试一直要达到某个理想目标，何不尝试完成一天或一周的目标？*

以下情况非常适合设置"不可能但有趣"的挑战。你希望业务的某些领域可以在每日、每周或每月取得高水平的绩效。它可以是任何东西：零缺陷、百分百完成进度、在特定

---

* 这个想法由罗伯特·谢弗（Robert Schaffer）首创，他在一些书和文章中谈论过，其中包括《高绩效咨询》一书。

时间内响应客户的询问、在特定时间内报价以及无不安全行为。每个人都承认目标的重要性，但在实践中却很少能实现，如果要他们说老实话，他们会承认他们就是不明白该怎么做。

如果这个目标从未实现过，那么日复一日想要去满足这些标准似乎是无法解决的难题。但是，如果你把它设计成游戏呢？

在一家制造厂，经理汤姆正在努力解决一个常见的问题。当他们面临履行交付承诺的时间压力时，工人们手忙脚乱，产品质量因此受到影响。

为了解决这个问题，我建议汤姆组织一个"示范日"实验。他选择了交付日两周前的一天，并为当天设立了一个简单的目标：在一天中以零缺陷完成激进的任务安排。看看大家能否做到，并发现可以从这项尝试中学到什么。

实验取得了巨大的成功。正如汤姆所解释的那样：

> 我使用REWARDS授权形式向每个人简要介绍了我们将要做什么（见表12.1）。

第12章 原则十：欲扬先抑

表12.1 使用REWARDS授权形式设置"不可能但有趣"的挑战

R 10月16日全天在K生产线上至少达到80%的达标率。
E 生产线旁边的可视化管理板将显示绩效。我们还将在白天拍摄生产线和可视化管理板，并将其显示在整个工厂的电视监视器上。
W（两个级别） 我们将学到很多关于如何在K生产线上提高质量和一致性的知识。 我们将尽量减少客户投诉。
A 我们希望团队中的每个人都同意追求这一目标，因此希望你告诉我们你的需求。
R 我们同意提供以下资源：
D 此表格记录了该协议。此外，让我们记录以下共同责任： 我（工厂经理）将： 你们（团队）将： 我们将共同：
S

我们实际上选择了两个不同日期在两条生产线上进行尝试。我们首先选择了没有转换的直线运行生产线，这样我们就有很大的成功率。那天工厂车间的每个人都参加了比赛，这真是太好了——每个人都轮流进出这些生产线。一天结束时，他们跑到可视化管理

板那儿去看比赛结果："我们做到了吗？"

这个方法让人们兴趣大增。尤其是当我解释"为什么"时：很多人从未接触过这样的交流方式。以前，我们的态度是："如果我们没有完成它——哦，好吧。"他们并不明白后果。现在他们很高兴有一个解释，也很高兴可以知道结果。现在我正在挑选带有转换的生产线，以使其更具挑战性，我们还将制作一部视频，以便向其他工厂的团队进行展示。

要设置"不可能但有趣"的挑战，请按照以下步骤操作：
- 确定你想要达到的高水平绩效。
- 选择未来两三周的某一天，旨在将它打造成一个完美的"示范日"。
- 提前宣布你的意图。使用 REWARDS 授权形式向相关人员进行简要介绍。
- 使用照片和视频记录当天的准备工作和行动。
- 之后，召开全体会议，回顾经验教训，并讨论如何将这种绩效水平变成新的惯常标准。
- 设置下一项挑战。

第12章 原则十：欲扬先抑

一天一款应用程序！

大大小小的企业都必须掌握数字化。德意志银行非常清楚，如果进行数字化转型是为了满足客户和员工的真正需求，它就不能仅仅被视为技术专家的专属领域。在任何组织中，人们都很容易形成孤岛思维，但要让数字化转型真正发挥作用，整个组织的人都需要机会参与其中并为他们过去可能会回避的领域做出贡献。

德意志银行组织了一场长达24小时的黑客马拉松——由多部门组成的小型团队相互竞争，为慈善机构Autistica①开发应用程序。团队成员不仅有技术专家，还包括来自各业务板块的人员：交易、人力资源、法律、合规等。获胜的团队所开发的应用程序纳入了情绪日记功能，以帮助患有自闭症的年轻人理解和管理焦虑。

黑客马拉松取得成功之后，德意志银行为"治愈白血病"项目举办了类似活动。获胜的团队开发了一款原型应用程序，该程序能推荐有相似诊断且年龄和性别一致的"伙伴"。它还

---

① Autistica是英国领先的自闭症研究和慈善机构。它资助和开展研究活动，以了解自闭症的病因、提高诊断水平并开发基于证据的干预措施。——译者注

可以整理来源可靠的文章，跟踪患者的健康状况以及关键统计数据。患者可以选择与朋友、家人、"伙伴"或医生分享这些信息，也可以获取血液检测结果并报告自己的日常进展。

为这些伟大的事业做出贡献不仅有内在价值，德意志银行同时也收获了商业利益。比如，将原本不会一起合作的人联系起来，强调作为一名德意志银行员工的价值——这对提高员工满意度和留存率很重要。而最重要的一点是，员工的视野得到了拓宽，特别是通过接触像 Agile 这样的数字技术和方法。有些部门把该程序运用到了自己的业务中，例如人力资源部。

将不同的团队聚集在一起，为有意义的事业开展短期、具有高影响力的项目，可以很好地发展你所在组织的学习能力、在整个组织建立关系并为减轻组织孤岛的影响迈出坚实的一步。与空洞的"快乐"或激励培训师相比，这也是一种更"真实"和持久的士气提升方法。

授权和动机

"要掌控，先放权"，其背后的主张是与领导力训练中流行的传统观点所不同的"动机"观点。简言之，我的出发点是，你无法激励人们形成积极性，这是因为，人们本质上是具有积

第 12 章 原则十：欲扬先抑

极性的。员工、同事、客户……实际上所有人（和其他生物）都是如此。

想想你认识的最懒惰的人。从某个角度看，他们的惰性坚如磐石。但从另一个也是更有用的角度看，他们的积极性却十分高涨。

是什么因素在起作用呢？即渴望避免麻烦和不适，寻求舒适和轻松。如果你想证明这一点，试着让他们做一些他们不想做的事，你必将遭遇精力充沛的反击！当然，一旦他们想要的条件恢复，他们又会恢复到不活跃状态（直到你下次打扰他们）。

这就像一个恒温器。如果房间的温度合适，恒温器就不会有任何操作。而一旦温度高于设置，它会立即启动降温功能。如果你想要更高的温度，单独启动一台加热器毫无作用，因为恒温器会抵消其功能。你需要重置恒温器本身。

这种观点在关于金钱本身是否是驱动力的无休止的争论中很有意义。寻求一个通用的结论恰恰等同于提出一个错误的问题。有些人追求的是金钱，有些人则不是。如果某人在自己的"金钱恒温器"的设置下没有足够的钱，那么提供更高的报酬似乎会激励他。但是，一旦他有了足够的钱，他就会退缩——

提供更高的报酬只会让你的企业变得更糟。

这也是变革遇到诸多"阻力"的内在机制。如果你想让某人同意你的倡议，而你试图强迫他、刺激他、激励他或哄骗他，你实际上是在试图扰乱他。这就是阻力的来源。相反，要弄清楚他想要的条件，并让他通过做你想做的得到他所想的。

最好的管理是自我管理

如果你想确保完成某件事，最好的方法是利用人们预先存在的动机。例如：

- 在 20 世纪 20 年代，亨利·福特提出了一种避免水污染的巧妙方法。他提出，工厂可以随意使用水，只要将"外管置于管道上游"。你无法激励人们遵守环保相关法律法规——我承认你可以强迫他们，但那是另一回事，并且会招致抵制。然而，你可以利用工厂管理者已有的积极性，即确保他们有清洁的水供应。

- Yves Morieux 给出了汽车行业的一个很好的例子。负责确保汽车设计要利于后期维修的管理者被告知，一旦汽车投入生产，他将负责保修预算。

- 苏联航天器上升 1 号（Voskhod-1）内部非常狭窄，以

第 12 章　原则十：欲扬先抑

至于宇航员无法穿宇航服。据说，其中一名工程师警告首席设计师谢尔盖·科罗廖夫（Sergei Korolev）[①]，哪怕是最轻微的空气泄漏都会导致宇航员死亡。科罗廖夫的解决方案是任命工程师为宇航员之一，认为这将有助于鼓励工程师使太空舱尽可能安全。

结论：帮助顽固的管理者

我主张尽可能地利用你所在组织的自然动态和员工的自然倾向。许多领导者觉得这项提议非常鼓舞人心——意识到自己不必投入所有精力但可以使组织变得更高效，这确实很不错。

然而，一些原本优秀的管理者似乎觉得这种方法幼稚且敏感。我发现他们需要帮助才能放松管制。提醒他们本章的一些关键示例对帮助他们尝试新事物有着重要意义。我特别指出：

- 火星探测器示例展示了控制工程和信息理论如何决定组织边缘的自治需求。
- 任务指挥概念是在生死攸关的战斗领域发展起来的——

[①] 苏联航天事业的伟大设计师与组织者，第一枚射程超过 8 000 千米的洲际火箭（弹道导弹）的设计者，第一颗人造地球卫星运载火箭的设计者，第一艘载人航天飞船的总设计师。——译者注

现代军事学说不能被误认为天真的产物。

• 谢尔盖·科罗廖夫对过于拥挤的航天器的解决方案很难被认为是敏感的。

给予控制权以获得控制权的理念是基于这样一个整体概念，即人们身上都"预先加载"了动机。运用这个理念的一个实际结果是对变革阻力及变革阻力拖累增长有了全新的看法：管理者通常是阻力的制造者。而这意味着他们可以做出改变。

第 13 章
促发变革

知而不行实为不知。

————哈罗德·米尔索普①

---

①　哈罗德·米尔索普（Harold Milnthorpe），意大利心理学家，著有《变革无处不在：基于神经语言程序学的视角》（*A Pocket Full of Change－Simply Practical NLP*）。——译者注

低风险创新

等待完美条件？

我的同事海尔加·亨利（Helga Henry）最近给我发了一篇奥利弗·伯克曼（Oliver Burkeman）的优秀文章。我一直很喜欢奥利弗的文章。虽然大众心理学是一个充满废话的领域（见专栏13.1），但他却是少数几个在这个领域具有值得一读的作品的作家之一。他的作品具有很强的批评性，充满怀疑，而又明智。

专栏 13.1

管理心理学的问题

心理学家对企业产生了巨大的影响。但这提醒企业注意！心理学家提供的许多东西在实验室之外的价值是值得怀疑的，原因至少有三个。

1. 复制危机。事实上，许多经典的心理学研究，尤其是经常被引入商界的社会心理学研究，已被证明不具有可复制性。

第13章 促发变革

连诺贝尔奖得主都犯了类似的错误,别以为这只是二流学者的做法。

2. 不恰当的概括。经典的例子是这样的陈词滥调:人们所使用的词语大约只产生了7%的交流效果。似乎很少有人真正读过艾伯特·梅拉比安(Albert Mehrabian)的研究成果,这条虚假的论断正是基于他的研究。梅拉比安本人很清楚,他的研究被误解和过度概括,远远超出了任何有效的应用,但培训师们每天都在全球范围内宣传这些东西。

3. 所谓的"巴纳姆效应"(Barnum effect)。心理测试和理论通常能够幸存下来,因为它们是合理的,而且人们也希望它们是真实的。

这些因素意味着在将有关人类行为的一般理论应用于特定业务时,你必须非常谨慎。这就是为什么本书的各项原则强调用你自己独特的真实情况进行实验,而不是假设它会符合一些规范框架。

奥利弗在文章中谈到了"重要性陷阱"(importance trap)——一个经常被忽视的导致拖延的原因。他将"重要性陷阱"描述如下:

这样看，一项活动对你来说越重要，你就越开始相信你需要专注、精力和长期不间断的时间来做这件事。而你会告诉自己，这些都是你目前不具备的；因此，你真正去做这些事情的可能性就越小。这导致的结果往往是，不重要的事情完成了，重要的事情却始终没完成。

奥利弗举出了自己的例子，比如开始花时间阅读经典作品。对企业领导者来说，清楚地认识"重要性陷阱"也是至关重要的，因为它不仅是个人陷阱，也是组织陷阱。

我经常听到高管们谈论他们需要采取一些新举措。这可能会解决一个大问题，比如让人们停止过度服务于一个日益萎缩的市场（因为它是熟悉和令人舒适的），而应专注于一个更有前途的新市场。或者，这可能会创造大量新价值，例如推动企业内不同部门合作以开启有利于客户的创新，而不是为预算和局部利益而争吵。

无论什么问题，他们都会很好地说服我相信它是重要且紧急的。

然后，他们会说："但我们现在还不会这样做。我想等待，直到我可以投入更多的资源，以确保人们在这方面做得很好。

第13章 促发变革

完成这些招聘工作之后……"

这种"准备好才开始改变"的思路是战略目标进展缓慢的主要原因之一。

你可能会抗议,称"但是我真的需要等待"。

毫无疑问,理由都是可靠的。

但问题是,当约定的时间终于到来时,你可能会发现:

• 其他人现在已经获取了你将要使用的资源。

• 你指定的人现在忙于其他新的事情(人们总是太忙,不是吗?他们很少能完全清楚地处理任何事情)。

• 当你想进行新的任命时,被寄予厚望者已经离开你的组织去寻找新的雇主了。

也许最令人担忧的是这样的:

• 你的竞争对手并没有等你准备好。

时机从来都不是理想的。有时候,等待时机变得理想就只是在等待而已。

我认识的一位首席执行官在墙上挂了一个标志来激励他自己。上面展示了第一次世界大战最后一年法国和盟军最高指挥官费迪南德·福煦(Ferdinand Foch)元帅的话——历史学家认为福煦元帅的战略是盟军取胜的关键。这就是:

低风险创新

> 我的正面在撤退,
>
> 我的右翼在撤退,
>
> 好极了,
>
> 我正在进攻。①

福煕元帅明白"重要性陷阱"的危险:如果你要等到完美的条件,你会等待很长时间(而且实际上条件可能会变得更糟)。如果它真的很重要,那么现在是时候了。

练习——犹豫不决有多危险?

想象一下,由于条件还不合适,你仍在等待启动一项重要的计划。让我们重新审视你的各种假设。

1. 考虑投资回报率

- 在1~10的范围内,1是微不足道,10是改变局势。评估一下该计划的潜在结果有多大影响。

---

① 福煕元帅的战略核心在于认为进攻是作战的最高原则,是获得胜利的唯一途径,即使濒于失败也不要放弃进攻。1914年,福煕元帅的部队与德军展开马恩河会战,情势一度对他十分不利,福煕元帅向后方发电报的原文实际为:我的左翼在撤退,我的右翼在撤退,我的正面受到敌军的猛攻,好极了,我正在进攻。——译者注

第13章 促发变革

- 你因拖延而失去了什么？你损失营业收入了吗？你让客户失望了吗？你是否将优势让给了竞争对手？
- 如果你从没做这个计划，结果会如何？

2. 考虑启动计划的先决条件

它们可能包括资金、人员和时间，但可能还包括其他条件。

- 在现有的那些先决条件中，你有多大把握它们"在适当的时候"仍然可用？到那时，你还有预算吗？你还会有关键人员吗？
- 在你等待的那些先决条件中，有多少是必需的，有多少是可以没有而只是你想要的？
- 在你等待的先决条件中，有多少是你不用等待而现在就可以自己实现的？

3. 考虑后果

- 如果等待，可能发生的最好的事情是什么？
- 如果等待，可能发生的最糟糕的事情是什么？
- 如果现在就开始，可能发生的最糟糕的事情是什么？
- 如果现在就开始，可能发生的最好的事情是什么？

驱动绩效，释放变革

正如我们在前一章所提到的，传统的变革方法会产生使变革遭到抵制的大部分阻力。"驱动变革"听起来煽动人心，但实际上是一种反抗的方法。从这个意义上说，与其驱动变革，不如释放变革，这更容易实现且成本更低。

驱动变革与释放变革的比较见表13.1。

表 13.1 驱动绩效，释放变革

	驱动	释放
变革	变革因素推动，系统回推：阻力	从既有资源开始，建立在隐性资源的基础上
绩效	明确的目标和责任，并提供支持和反馈	"想方设法去管理"

燃烧的平台[①]问题

"燃烧的平台"很早就成为推动变革理念的形象代名词。我发现目前许多领导者都为之着迷。一个燃烧的石油钻井平台

[①] 燃烧的平台（burning platform）是一个管理心理学概念，指的是可以让人迸发出巨大潜力的一种极端条件；而管理者的职责就是找到这个燃烧的平台，并把员工的潜力激发出来。——译者注

第13章　促发变革

是这一理念的具象化，它想要表达的是：如果你不幸发现自己在一个钻井平台上，你会克服任何阻碍你适应现实状况的自满或懒惰，并且会拼尽全力跳入平台下漆黑的大海中，因为你或多或少相信你会获救。

我认为在预先存在危机或转机的背景下，这可能是一个不错的比喻。但我听到的似乎不是这个意思。他们想创造一个燃烧的平台，以此人为地增强紧迫感。

为什么管理者要为员工营造这样的环境？顺便说一句，这些管理者声称这样做能提高员工的敬业精神！

如果你认为我实际上是一个软弱的运营总监或某类希望手拉手唱 *Kumbaya* 的人，那么你需要谨记：除非真正的危机或转机到来，否则创建燃烧的平台的努力将会化为乌有。这里有三个实在而强大的理由：

• 否认。实际上，要让人们相信事情与你想阐明的一样严重是非常困难的。"燃烧的平台"这一隐喻忽略了人类几乎拥有无限的能力来忽略或重构威胁或将威胁合理化，特别是那些真正危险的威胁。烟盒上写着"吸烟有害健康"，这是有充分理由的，但仍然有很多人买香烟。他们的合理化方式可能是微妙的。事实上，我认识一个烟民，他只乐意购买那些警告"香烟可能会伤害你未出生的孩子"的盒装香烟：因为他是男性，他"推定"这会没事。

- 缺乏方向。如果你吓唬人，他们可能会逃跑。但他们可能不会朝着你认为的方向跑。相反，他们会四散而逃。他们试图拼命逃跑，在这种情况下，他们当然不再关注客户。而且因为现在大家都处于高度流动的状态下，而你通常会首先失去你最得力的干将，这样就形成了一个恶性循环。

- 变革中的疲劳。即使用"燃烧的平台"这种方式可以得到想要的结果，也只能实践一次，而且成本很高。你不能每六个月就制造一次危机。那些不断启动在中途被放弃的变革计划的管理者也会遭到"反噬"。这样的管理者就像希莱尔·贝洛克（Hilaire Belloc）作品中的玛蒂尔达：

> 每次她喊"起火了！"，
> 他们只会回答"小骗子！"

近期，我与一线员工和中层管理者进行了许多焦点小组讨论，大家对重大变革计划的反感程度确实令人震惊。这对那些真正认为自己已经实现"入伙"的高层管理者来说具有丰富完整的启示。

第13章 促发变革

除了否认、缺乏方向、变革中的疲劳三个因素之外，创建一个燃烧的平台可能不失为一个好主意。

危险的大变革倡议

人们很容易被推动大变革倡议的诱惑所引诱。但这样的倡议可能会以糟糕的方式结束。这不仅是因为它们经常不起作用（我将在下面列出一些它们不起作用的原因），还因为启动的倡议越是陷入困境、半途而废，就越会损害你的个人信誉，让人变得愤世嫉俗，并最终使得组织陷入无法管理的混乱中。我们可以看到以下情况：

• 大多数所谓的"阻力"是由潜在的变革驱动因素造成的。你越努力推进，大多数人就越会奋力反抗。但这并不是说人们必然会抵制变革。你可以观察到人们每天都在改变。他们（经常兴高采烈地）适应新技术。他们很快就能适应银行、地方当局和其他机构的新程序——虽然他们也许会有一点抱怨，但他们在大多数时候都是这样做的，没有可什么大惊小怪的。他们当然会寻求平衡和稳定，但如果有正确的触发因素，他们会很自然地重建平衡。

• 强调紧迫感会适得其反。一些著名的变革大师推荐所谓的"创造紧迫感",这听起来不错,但实际上是一种伪装成目的的手段。当然,快节奏在业务中很重要。但我的观察是,追求紧迫感会直接让人把头埋进沙子里,而不是引导他们去面对和适应一个令人不舒服的新现实。

• 启动活动可能成为终结性活动。正如许多变革专家所建议的那样,通过"启动活动"开启重大倡议实际上是愤世嫉俗者和既得利益者抵制变革的绝佳机会。你可以坐在其中一个启动活动现场的后面,亲眼看到当首席执行官每次在前面阐述听起来煽动人心的陈词滥调时,这些愤世嫉俗者和既得利益者都会不屑地翻白眼、暗暗相互轻推,或呈交叉双臂状。

阳奉阴违

每个人都知道,在变革过程的早期,你必须"接受"。这就是问题所在。正如我们在第 7 章所看到的,人们会说他们要做某事,但他们不会坚持到底。事实上,在我写这本书的时候,我为一批首席执行官举办了一场关于为变革而沟通的研讨会,当我问他们最常见的问题是什么时,最普遍的回答是"人们对变革只是动动嘴皮子,却一如既往地行事"。

相较于人们说他们知道自己应该说什么,"接受"远远不

第 13 章 促发变革

止于此。

释放变革，加速推进

有经验的司机为避免车轮打滑，会放开刹车让车动起来，然后才踩油门加速推进。在业务中，类似的操作见图 13.1。

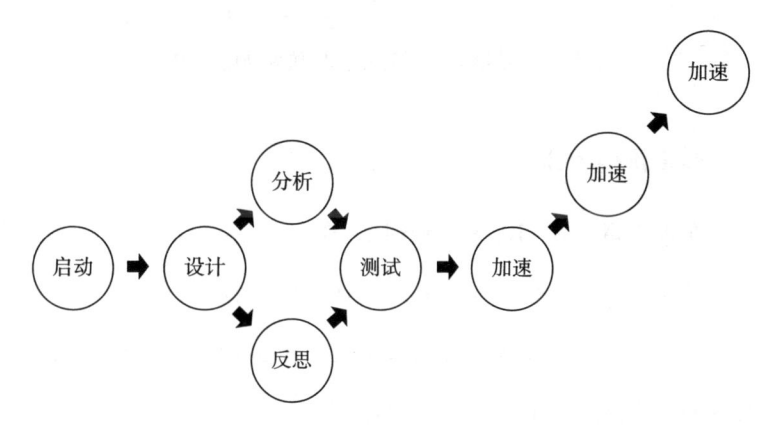

图 13.1 加速之前获得牵引力

从既有资源开始，释放变革

与其驱动变革，不如着眼于释放变革。本节为你提供了一种指导，以应用书中的理念，即从既有资源开始，创造新的增长，如图 13.2 所示。

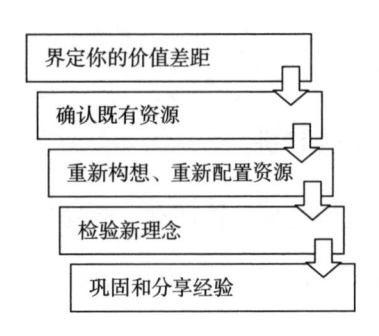

```
界定你的价值差距
   ↓
确认既有资源
   ↓
重新构想、重新配置资源
   ↓
检验新理念
   ↓
巩固和分享经验
```

图 13.2　从既有资源开始，释放变革的步骤

界定价值差距

在第 1 章，我们也曾接触图 13.3。

我还提供了一份调查问卷，让你在图中找到自己企业的位置。根据在图中的位置，尽管大家进行价值创造的目标是相同的，但实现路径会有所不同，见图 13.4。

用非常直白的话定义你的目标

图 13.3 和图 13.4 都是一般化的工具。现在，我们要更具体些。要做到这一点，我们需要注意原则七——直白描述目标。生产性价值创造者对你意味着什么？用非常直白的话描述三四个目标。你可以应用疑难解答式纪录片技术（参见第 9 章）作为辅助：想象一个摄制组制作了一部关于期望转型的纪

第13章 促发变革

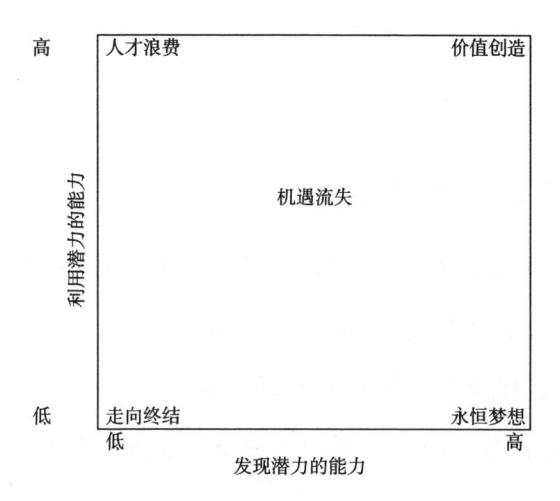

图 13.3 发现潜力的能力

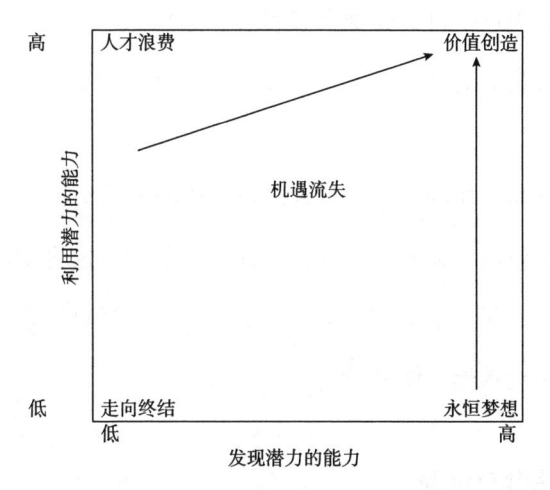

图 13.4 与目标的具体差距是什么？

低风险创新

录片。播放到最后一集时，我们会看到和听到哪些展现成功的内容？

评估缩小差距的价值

你需要获得合理的投资回报率来证明缩小差距的努力是合理的！为了评估潜力，请回答以下问题：

• 我们将如何评估实现目标的价值？

• 对销售、成本、利润、现金、收入、资本回报有何影响？

• 实现这一目标会带来哪些新机遇？

• 对我们的品牌、人才声誉以及对投资者的吸引力有何无形影响？

• 这将对我的领导力及其后续评价产生什么影响？

目标要雄心勃勃，但做出估计时要保守。这将帮助你决定投入多少时间、精力和资金。不要试图用大锤敲碎坚果，也不要试图用玩具枪击倒大象。

确认既有资源

一旦你真正清楚了一个高效的价值创造者究竟是什么样

第 13 章 促发变革

的，你就可以使用第 5 章介绍的缩放技术，聚焦于既有资源。这将是我们开始挖掘隐藏的机遇的地方。因此，首先确定你现在所处的位置（从 1 到 10）。让我们称之为确定层级（见图 13.5）。

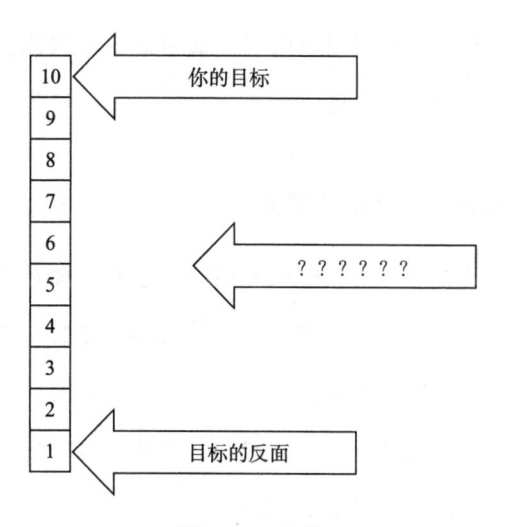

```
10  ← 你的目标
 9
 8
 7
 6
 5  ← ？？？？？？
 4
 3
 2
 1  ← 目标的反面
```

图 13.5　缩放

如果你的得分相当低，请不要太担心。还记得我们在第 5 章讨论的购物中心运营总监吗？由于一次令人失望的员工调查，他士气低落，但一旦开始关注自己做得好的地方，他发现他可以为员工解决问题，并为组织创造更美好的未来，他所拥有的基础其实比他想象的要强大得多。

所以，一旦你评估了你的位置，问问自己："为什么我们没有更糟？为什么我们不在第 N－1 级（例如，如果你经评估得出自己处于第 5 级的位置，问问自己为何不是第 4 级）？"尽可能多地列出你没有给自己打低分的原因：这会使你得到一份既有资源的清单。你可以应用第 4 章和第 5 章的技术来挖掘这份清单以寻找隐藏的机遇。

重新构想、重新配置资源

明确自己的位置后，你可能想知道上升一个层级（N＋1）会是什么样子。在这个层级，你会给市场带来什么新价值？我们评判了许多可以用来提供帮助的工具。最好的方法之一是我们在第 3 章讨论的"洗车"范式。这也是让客户参与其中以获取其想法的好时机（见第 11 章）。

检验新理念

当你有新理念时，应该设问："为了实现下一步的提升，必须发生什么？什么必须是真的？我们如何通过'正确提问'来检验这些假设？"（见第 6 章）。

第 13 章 促发变革

巩固和分享经验

重复步骤 2、3 和 4，直到你确信自己的理念是具有吸引力的。在组织中通过展示、会议等方式分享你最初的成功。对于你的员工来说，讲述关于他们实验的真实故事比启动会议上的各种演示文稿和未经证实的承诺要可信得多。

为变革加速

让球滚动起来是一项真正的成就，但现在就宣布胜利还为时过早。达到第 N+1 级与实现你生产性价值创造者的地位不同。现在你已经展示出了某种变革所需的牵引力，是时候踩油门加速了。

专栏 13.2

炼金术加速

在第 3 章，当我们研究如何重组既有资产以创造新的更大价值时，我们从炼金术中借用了一个比喻。炼金术士有另一个引人入胜的概念，可以帮助我们思考加速变革。他们假设，在正确的情况下，物质的所有表现形式都是从基本元素自然演变而来的。他们认为，虽然这个过程通常缓慢到令人无法察觉，但原则上它可能发生得更快。并且他们依据事实推断出这必然是万物创造之初的情况。他们的想法是，大自然经常忙于一些几乎没有的事情，"赶一赶"大自然的可能性恰恰吸引了他们。这在商业上也很有吸引力。毕竟，谁没有一次或多次体会到他们的组织正忙于一些几乎没有的事情呢。

无论出于何种原因，产生结果的过程往往都比它们所需的更慢。我发现，大多数有经验的企业家很容易接受这个假设。

主要原因是什么呢？我个人的观察如下，虽然这不免有过度概括的风险。有些人忙于为他人设定鼓舞人心的愿景和延伸目标，但没有充分注意到实现这些愿景和目标的方式。换句话说，他们正试图实践我们在第10章提到的"想方设法去管理"。其他人则全神贯注地忙于研究方法和过程的大的方面，但更多时候是研究方法和过程的小的方面，以至于丧失了对目标的关注。他们走弯路，并创造了我喜欢称之为"表象工作"的概念。

摒弃表象

表象总是伴随着你感兴趣的东西，但对目标实现没有贡献。例如，噪声是割草机的表象，实际上它对割草没有任何贡献。我所说的"表象工作"是指组织虽然付诸实施但实际上并没有任何效果的努力。

正如尼采所指出的（见第8章），人类倾向于对手段而不是目标更感兴趣。我们可能会在周日去散步，没有特别的目的地。我们在湖的另一边绕行，最后在一家咖啡馆结束这次悠然的散步。行程本身就证明了它的合理性。但是在周一，当我们需要一块快餐三明治作为午餐时，当然是打电话让人送餐会更快。

加速的思维方式

毫不奇怪，我们加速时的最大阻力与我们思考时间的方式有关。我们倾向于期待未来会从现在开始逐步推进，并假设事情的发生方式与过去几乎相同。这些假设是我所看到的大多数商业计划的基础。但这主要存在以下问题：

• 基于过去的推断的计划往往使你在同一个大方向上前进。至于这是否是你想去或需要去的地方，它们并没有解决这个问题。

• 基于过去的推断的计划倾向于假设外部条件或多或少保

低风险创新

持不变，显然这是一个危险的基础。如果市场正枯竭，怎么办？如果新的竞争对手或技术趋势向你袭来，你的产品过时了怎么办？例如，诺顿①已经不再销售旗下的很多摩托车车型。

- 设定长期目标的水平取决于当前和过去的限制。这是流行的 SMART 目标理念的问题之一。其中，R 代表现实。但"现实"又是按照什么标准呢？答案总是要根据过去的经验标准得出，这也许对绩效管理来说很好，但注定只会拖累任何认真的创新尝试。

- 当你通过推断来制订计划时，你会根据过去花费的时间来假设事情需要花多长时间。

如果像这样向前推理，将意味着完全可能实现的激动人心的未来似乎注定要永远停留在地平线上，无法企及。

特斯拉汽车公司和 SpaceX 的首席执行官埃隆·马斯克谈到了类比思维与第一原理思维的区别。SpaceX 进入了一个市场，在这个市场中，人们通过与现有设计进行类比来考虑新的火箭设计，我将其描述为从过去到现在再到未来的思维模式。

---

① 诺顿是摩托车品牌，1898 年初创立于英国，二战期间及战后很长一段时间曾生产多款风靡全球的车型。后因经营困难，该品牌被多次收购转让，成车产量大幅萎缩。——译者注

第 13 章 促发变革

由于这种思维过程，太空运载火箭的价格多年来大体持平并小幅上涨。但马斯克和他的同事注意到，火箭的材料清单价格只是当前火箭成本的一小部分。因此，他得出结论，有机会从根本上重新思考以显著改善结果。他和他的同事从第一原理出发重新设计火箭发射器，并以目前成本的百分之几制造了发射器。另一位工程师约翰·博伊德，即我们在第 8 章提到的战斗机缠斗教练和军事战略家，则对 F-16 战斗机的发动机做了非常相似的事情。

这种第一原理思维方式对处理物理学问题的工程师来说非常有用。但它的适用范围要比这广得多。你如何摆脱基于过去、现在和未来的类比思维对企业发展造成的限制呢？

通过将理想的未来逆转到现在，可以避免与过去习得的限制相冲突。不得不说，从未来开始在实践中需要相当强的思维敏捷性，许多认识到这个想法的价值的管理者并未将其付诸实践，原因仅仅是缺少相关工具和程序。

以下是我在许多场合成功地与领导者、团队和普通个人一起使用的程序。它允许你在足够长的时间内暂停关于什么是可能的假设，以便制订有助于实现更大目标的可行计划。它使用了时间轴的概念，你可以在地板上实际摆放该工具，也可以视情况放在桌面、活动挂图或白板上。下面我将进行解释展示如何利用摆放在地板上的时间轴，因为许多客户发现这种方法效果最好。

我描述的技术可以帮助你快速摆脱假设的限制。它对个人和组织都非常有效。我曾用它帮助一位不知名的省级艺术讲师成为广受欢迎的画家，其作品在伦敦和纽约的单人展上以五位数的价格出售；一位部门副总动员了一项价值1亿美元的全国性增长新计划；[①] 一位玛氏前高管开发了一种具有革命性社会影响的投资工具，以改变一个面临诸多挑战的沿海小镇的命运。

练习——从未来回归当下

确定并将自己标在时间线的适当位置上，从当下开始，展望未来。

当下 --------------------→ 未来
　　　　　时间线

[①] 玛氏是全球最大的食品生产商之一，于1911年创立，拥有众多世界知名的品牌。在这些品牌中，价值超过10亿美元的品牌就包括德芙、士力架等。——译者注

第13章 促发变革

然后确定一个非常大的、有价值的并具有激励性的目标，在这个阶段不要考虑它是否能实现。

（当下）　　　　（目标）

脱离时间线，站在观察者的位置上，想象一下"某人"成功地参与实现了那个不合理的目标。

（旁观）

（当下）　　　　　　　　（某人）

然后确定"某人"实现目标之前的步骤。问一个关键问题：

为了让"某人"自然而然地实现目标，什么东西必须已经存在（或真实存在)？

走到那个位置并检查如果你在那里，你可以采取下一步行动并实现目标。

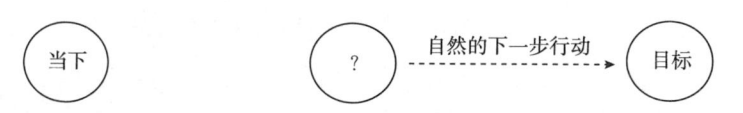

（当下）　　（?）----自然的下一步行动---→（目标）

你现在确定的位置成为新的（垫脚石）目标。

当下　　　　垫脚石　────▶　目标

现在问问自己：

> 垫脚石对我来说是一个不合理的目标，还是我可以用我已经拥有的东西来实现它？

如果它仍然遥不可及，请再次使用相同的过程，这次将垫脚石作为"某人"的目标（如步骤3），并确定它之前的步骤（使用步骤4中的关键问题）。继续前进，直到你到达可以从你目前的平台上实现的"合理"的垫脚石。

如果垫脚石是合理的，你就准备好了。

当下 ──▶ 垫脚石 ──▶ 垫脚石 ──▶ 垫脚石 ──▶ 目标

这项技术的诀窍在于，当你问"为了让'某人'自然而然地实现目标"什么东西必须已经存在（或真实存在）时，你有多么严谨。注意，不是问什么东西对你而言是必须真实存在的。

"某人"不受你强加给你自己的同样的想象的限制。

第 13 章 促发变革

专栏 13.3

谁获得了价值？

"从既有资源开始"的一个关键前提是，人们太快从外部寻找"救世主"。从既有资源开始更有可能使你获得独特的优势。此外，它还有另一项战略优势。商业战略中最大的问题之一是："谁获得了价值？"如果你准备好了去做不需要"救世主"的工作，你就可以从那些不愿意这么思考的客户那里获得价值——你成了他们的"救世主"。

注意事项

应用本书各项原则的方法有很多。在本章，我们研究了一种将它们串联起来的方法。毫无疑问，你需要根据自己的个人情况调整此方法，但这些步骤将是一个很好的起点。

在总结"注意事项"之前，让我们回顾一下几种重要的禁止行为：

- 不要等待永远不会出现的理想条件。
- 不要驱动变革，要寻求释放变革。

下面是步骤：

1. 界定你的价值差距。用直白的语言阐明你想要什么，并清楚地了解进行变革的投资回报率。

2. 确认既有资源。使用我们在本书提到的技术来追踪你隐藏的和未被充分重视的资源。

3. 根据新出现的客户需求重新构想和重新配置你的资源。

4. 巩固和分享经验。正确提问，探寻实际有效的方法，并不断调整，直到对于变革你拥有一个自信的平台。

5. 加速变革。一旦你确定了你的假设，你就可以逆向思维，找出实现你所寻求的增长的最快方法。

正如我们在本章开头所说的那样，重要的事情是实际去做：使用这些炼金术钥匙去解锁你隐藏的宝贵资源。

在第 14 章，我们将看看如何将同样的想法应用于领导者身上。

第 14 章

结语：率先垂范

低风险创新

如果你学过武术，或者看过类似《空手道小子》的电影，那么你肯定知道 sensei 这个词。纵然它从未被正确翻译过，你可能会认为 sensei 只是指"老师"。当然，它确实有这个意思。但它还包含"先行者"的意思。

了解如何从既有资源开始的最好方法是亲身参与。因此，在结语中，无论你已经是一位成熟的领导者，还是你目前是一个雄心勃勃的个人创业者，我都将邀请你完成我们在本书评判过的方法。由于你已经走在你的组织的前面，你将更有能力充当"先行者"的角色。

这种"先行者"的想法还有另一种相关的意义，与远见有关。被认为有远见的领导者"先行"于他们所领导的组织，他们的想法遥遥领先。该组织本身不仅仅是一个目标，也不仅仅是他们个人致富的工具。有远见的领导者正试图通过他们的组织实现更伟大的目标。在某种程度上，组织成为他们价值观的载体。

从史蒂夫·乔布斯、埃隆·马斯克或安妮塔·罗迪克（Anita Roddick）的案例中，我们很容易看出这一点。除了苹

第14章 结语：率先垂范

果公司、特斯拉或美体小铺①，这些人还有他们在意的东西。他们建立自己的组织是为了实现更远大的愿景。这与仅受股票期权和市值驱动的专业投机商形成了对比。

当然，无论其组织规模如何，大多数商界人士既不是著名的企业家，也不是阴暗的大财阀。但他们都必须处理好达成指标这一重要但平凡的工作与建立有意义的职业生涯和个人名声的回报之间的矛盾。

日常工作的要求

许多领导者都听说过以下这个拒绝创新或变革的借口："我本来可以，但我有很多日常工作要做。"但如果领导者诚实，他们自己也会在同样的问题上挣扎。哪些事情会占用领导者的时间并妨碍他们发挥潜力？清单很长，但我从客户那里听到最多的是：

- 陷入运营细节。
- 一群人希望你解决他们的问题。
- 被要求对本应由较低级别管理者解决的争议进行裁决。

---

① 美体小铺是高质量面部肌肤及身体护理产品零售商，于1976年在英国成立。——译者注

- 受到电子资讯的干扰,例如不必要的会议请求和被"抄送"的电子邮件。

领导者知道他们及其组织必须更具战略性,但他们经常因为当前的需求而放弃更美好的未来。他们在无意间陷入阻碍自己成功的谋划(见专栏14.1)。

专栏 14.1

阻碍领导者的无意识谋划

沃伦·本尼斯(Warren Bennis)是一位极具影响力的领导力权威专家、普利策奖提名作家,他在二战期间担任步兵军官,后来担任辛辛那提大学校长,拥有丰富的领导经验。他最引人注目的著作是《无意识的谋划:为什么领导者无法领导》。在书中,他努力想弄清楚为何他的组织在战略目标上没有取得进展。他在检查自己繁忙的日程安排后幡然醒悟,他说自己发现了"一个巨大的、无形的、不知情的、无意识的谋划,它阻止我改变……当前的任何事情"。他指出,任何试图在组织中有所作为的人都会遭遇两个挑战:如何应对"威胁到最佳计划的混乱和惰性"和"如何避免日常工作削弱他们产生真正影响的能力"。

第 14 章 结语：率先垂范

先行于你的组织

在一个技术颠覆性发展、气候变化、人口结构调整和全球疫情大流行的世界中，很显然，领导者要随时保持自己的敏捷性，但这并不容易做到。

在生物学层面，人类对习惯有一种偏爱。尤其是人们不愿意放弃过去有效的方法。这就是为什么从既有资源开始是一个好主意的原因之一。我们不会被要求放弃有效的方法，但我们可以努力将其用于新的目标。

无论如何，事实是，如果你希望你的组织发生变化，你必须先行一步。

改变行为的不二法门

只有一种方法可以改变别人的行为。无论是直属下级、客户、老板、同事还是团队，都是如此。

你该怎么做呢？你需要根据他们的行为改变你的行为。这既是坏消息，也是好消息。坏消息是，你正在做的或说的可能正是问题仍旧存在的关键之处。好消息是，你因此具备了改变它的能力。

多年前的一个迷人的下午,在与一位顶级驯犬师交谈后,我第一次明白了这一点。在带我参观基地后,她告诉了我一个秘密:驯狗不是为了狗,而是为了狗主人。

狗不合作是因为它们从人类那里得到了暗示。

例如,她解释说:

如果狗站在电视机前,大多数人会喊:"让开,阿尔菲!"

但阿尔菲并不像主人所期待的那样理解这一点。对阿尔菲来说,这种喊叫并不是让自己移动位置的警告,而是自己受欢迎的表示。阿尔菲从中了解到,如果它想要更多的关注,所要做的就是站在电视机前。

主人应该做的是等阿尔菲坐在远离电视机屏幕的地方,然后以小题大做的方式奖励它。如此,当阿尔菲想要引起注意时,它就会去那个地方。

我教狗主人促进有益的行为,而不是助长无益的行为。这样一来,有用的东西开始排挤无用的东西。

"这一点也适用于人。"她透露道。

(就在她说这话的时候,我注意到她的丈夫把一杯茶放在我旁边的桌子上。他看向妻子,妻子赞许地点了点头,然后他高兴地小跑着回到厨房。这时,她对我使了个眼色。)

第 14 章 结语：率先垂范

这虽然是个玩笑，但其中蕴含着一个非常重要的教训。放大有用的正向回应，并直接控制无用的回应，是从早期阶段开始塑造环境的有效方法。换句话说，如果你想改变行为，从既有资源开始！

显然，大多数狗主人都不是自然而然就理解其中的道理：无论是在狗拉扯链子时，还是在狗对路人吠叫时，他们都无计可施，只倾向于努力做一些不起作用的事情。这名顶级驯犬师明确表示，如果你能改变狗主人，狗也会改变。而领导力也是如此，改变自己，才能改变世界。

你想成为什么样的领导者？

培训师向渴望取得重大飞跃的领导者提出的最佳问题之一是"你想成为什么样的领导者？"这个问题可以将人们与更大的参考框架联系起来。这通常足以帮助他们看清自己的方向。

以下是罗伯特·迪尔茨（Robert Dilts）[1] 提出的一个框架*，它对思考你需要成为什么样的人以实现飞跃非常有效。

---

[1] 罗伯特·迪尔茨是行为心理学、领导学方面的权威。——译者注

* 见罗伯特·迪尔茨所著的《归属感：创造一个员工想要归属其中的组织和团体》一书。

让我们来实际操作一下（见表14.1）。请打开笔记本电脑，以便你可以做笔记并记录自己的想法。

表14.1 迪尔茨的逻辑层级

层级	提示（ABCDE）	详情描述
A. 身份	我是……	
B. 信念与价值观	我认为…… 我珍视……	
C. 能力与技能	我能……	
D. 行为	我做……	
E. 环境	在哪，何时，与谁……	

这个想法是，框架中的每个层级都管理着下一个较低层级。在理想情况下，所有层级都需要依次排列并相互支持。虽然当我们应用它时是从顶部开始的，但从底部开始更容易理解它是如何发挥作用的。

我通常这样向听众解释："假设你去参加一个让人轻松的联谊会，这就是处于逻辑层级底部的环境。在那种环境中，你很有可能会在第一次见到某人时，由于提前没有任何计划，而花上5~10分钟告诉他你的工作、你的行业、影响该行业的因

第14章 结语：率先垂范

素等。"

很有可能。每当我问听众时，他们都会点头称"会的"。他们很容易在那种环境中想到那种行为（更高一个层级）。毕竟，他们有能力，而且他们会使用它。这没问题。

然后，我问听众一个新的问题："如果这种情况不是发生在联谊会上，而是千人礼堂，那里有分等级的座位、舞台灯光和两台摄像机，你们中有多少人还能即兴谈论你们的工作？"

很多人都摇头表示"不能"。

这一点很有趣。他们肯定依然具有同样的能力、技能，但在新环境中，他们不会产生行为。这是怎么回事？

答案是，展现能力并将其体现为行为的能力由另一个更高层级控制：他们的信念。如果你认为大型演讲会让你在陌生人面前受到羞辱，那么你将无法发挥自己的能力。你不会把能力转化为行为。另外，如果你认为，就像我拥有多年经验之后所做的那样，在广大听众面前演讲是非常有趣的，那么我想你会同意演讲其实能让你更好地发挥自己的能力。

顺便说一句，对我来说并不总是这样。我的职业生涯始于大学讲师，一开始我对此很绝望。学生们在课堂上领取讲义后，还没等我开口讲课就离开教室了。

其他讲师也很挣扎。事实上，我有一位同事为了克服这种煎熬，在上课前需要喝一杯威士忌。当时，我认定授课将成为我的职业，于是我决定最好做一些更合理的事情。所以，我开始上课。随着时间的推移，我培养了能力和信念。当我获得成功作为奖励时，我强化了作为报告人的身份认同。于是，我开发了更多的课程，尝试了一些想法，只要是有效的事情，我就会投入更多。更进一步的是我把自己想象成一名演讲者，这意味着我更有能力。而一旦我开始获得回报并找到经纪人，我就开始认为自己是一名专业演讲者。我可以告诉你的是，一旦你真正将自己视为专业演讲者，所有其他层级都与这个定位完美契合。

你需要如何看待自己才能成为你想成为的领导者？"有远见者"和"交易高手"是高管共有的强势的身份描述，"造雨人"和"可信赖的顾问"则是专业人士的优秀特质。如果这些特质与你产生共振，那么其中任何一个都非常值得追求。但也要尝试提出对自身具有独特意义的东西——这些是你不必告诉其他人的。

一旦你获得了所需的自我身份陈述，接下来就是填写表14.1的其他层级内容，示例见表14.2。你不必按既定顺序来

第 14 章 结语：率先垂范

处理表 14.1。如果你对某个领域特别感兴趣，请尽情投入并发展它。对一个有远见的领导者来说，它可能会这样开始：

你的下一个层级是什么样的？（注意：你能想出的细节越多越好。不断问自己"还有什么，还有什么？"，你可以找一个值得信赖的顾问来帮忙。）

一旦你了解了自己想要成为怎样的领导者以实现下一次飞跃，你就可以利用我们在整本书中研究的方法，以寻找你自己隐藏的资源并实现个人转变。让我们从高的层级看这个过程，这样我们就可以掌控大局了。

表 14.2 "有远见的领导者"的逻辑层级示例

层级	提示（ABCDE）	详情描述
A. 身份	我是……	一名有远见的领导者，一名价值创造者
B. 信念与价值观	我认为……	我能把各类资源整合起来创造出新价值
	我珍视……	可持续的增长等
C. 能力与技能	我能……	• 提出令人信服的价值主张 • 有说服力地进行宣传 • 协商 • 筹集资金等
D. 行为	我做……	创造高增长业务

345

续表

层级	提示（ABCDE）	详情描述
E. 环境	在哪，何时，与谁……	• 投资者关系电话会议上的市场分析师和投资者 • 公司会议室里的董事会成员 • 潜在客户和供应商的 C 级管理人员

找到你自己的隐藏的资源

我们谈到了许多可用于搜索个人资源的技术。特别是，你应该考虑使用"缩放"技术（见第 5 章和第 13 章），并辅以"人员汇总"练习（见第 10 章）。

缩放

到目前为止，大家对这种提问模式应该很熟悉了。问问自己："从 1 到 10，10 代表我想成为的领导者，我现在处于哪个水平？"假设你给自己打了 6 分。

下一个问题是："我为什么不是只得 5 分？"在回答时，你要花时间、花精力生成一个详尽的清单。

更进一步，你可以为自己填写一份"人员汇总"表。例如，表 14.3 展示了我一位客户列出的一份清单。

第14章 结语：率先垂范

表 14.3 人员汇总示例

在之前的工作中取得的成绩、爱好、兴趣	形成的能力	意味着哪些其他资源？
向 ABC 银行交付风险管理系统	• 项目管理/执行 • 维持团队的动力 • 与难对付的利益相关者打交道 • 与监管方打交道	• 内部培训 • 新闻发布会 • 期望管理 • 协商 • 培训没有技术背景的购买方
当地慈善机构的财务主管——申请赠款以更好地为受益人服务	• 写赠款申请书 • 提出令人信服的案例 • 了解基金会的全貌 • 了解影响资助者的因素 • 展示投资回报率	• 具备有影响力的技能 • 具备政治与经济方面的理解能力 • 具备超越个人利益、为事业奉献的自我驱动力
生化系毕业生——尽管当前不从事这个领域的工作，依然对其保有兴趣	• 理解科学研究成果的能力 • 以证据为基础的推理素养	• 具备与技术专家交流的能力 • 与技术人员打交道时，具备从谷壳中分拣出小麦的能力

同样，有一个值得信赖的顾问来辅助你是非常重要的。你对自己如此熟悉，以至于你可能会错过真正好的方面。让他人提出观点很有意义。当我对客户进行 360 度全方位采访时，我们经常以这种方式发现隐藏的个人资源。

347

专栏 14.2

转化负面

如果你认识到它们的积极品质，即使是无用的响应模式有时也可以被重新利用。例如，尖刻的人经常表现出极大的智慧和敏捷的思维。愤世嫉俗的人往往最先看到争论中的致命缺陷——虽然令人讨厌，但可能是无价的。英特尔联合创始人安迪·格鲁夫（Andy Grove）写了一本关于创新的经典著作，名为《只有偏执狂才能生存》。

现在，你已经探索了为何你没有下降一级，并且你已经完成了一个"人员汇总"表。这两种技术使你专注于既有资源，且通常将具有强烈资源意识的人联系在一起。你现在可以利用这种资源意识，朝着成为你之前设想的领导者迈出决定性的一步。

问问自己，如果你在比你最初设定的位置高一级的水平上运作，会是什么样子？你会做什么？在哪里？和谁一起？会有什么不同？哪些方面会变得更好？然后进一步问自己：

鉴于我已经确定的资源平台，我能做些什么来使

第14章 结语：率先垂范

下一个层级的设想成为现实？

你可能会发现你可以取得更大的进步，而且比你之前想象的更容易。

还在等待更好的条件出现再开始吗？

假设你热衷于关注既有资源，但你无法腾出精力开始。也许你怀疑，你正因一个无意识的谋划而慢下来并受苦！或者，也许事情进展得很顺利，你就快实现目标了，但在最后你被刺痛了——这种挫败感通常伴随着努力让事情顺利进行的始终。你能做什么？一个实际的反应是列出三个清单。

1. 首先是生成"中止事项"清单，以便释放资源（时间、精力、人员、金钱等）用于更高效的方面。大多数组织和个人正在做的事情虽然曾经很重要，但现在不再有意义，或者最好由其他人完成。你要问的问题是："如果我们还没有这样做，我们会从今天开始这样做吗？"如果回答是否定的，那么将其放在"中止事项"清单中，并立即中止相关工作。

2. 生成一个"障碍事项"清单。随着时间的推移，无论是个人还是组织，都会积累变通之法。这些是暂时的或不太理想的"解决方案"，它们会成为习惯。久而久之，全部技能或标准操作方式将被它们所主导。例如：

• 有人被提拔来管理一个功能失调的团队，然后开始获得巨大的成功，但其中的基础性问题却一直没有解决。

• 一张手动更新的、容易出错的电子表格由一个处于瓶颈期的人管理，相反，本应有一个可广泛访问的数据库（你可能已经拥有权限）。

• 用于临时存储的空间实际上变成了仓库，员工则被挤在一个不合适的小办公区域。

制作一个"障碍事项"清单并直接解决其中一些简单的事项，就可以释放巨大的能量。

3. 借鉴从前两个清单中学到的知识，你最终可以将注意力转向"待办事项"清单。我们都有待办事项清单，但我们是否诚实地以最佳顺序完成它们？尝试按照效率最高任务到效率最低任务进行优先排序，然后先完成效率最高的任务。不幸的是，这通常意味着从"令人最不舒服的事项开始"。这可能是，在安排内部进度会之前打电话给客户，或者在全面了解行业新闻之前解决团队中的冲突。先完成优先级较低的任务通常是一种拖延，你可以看到你在一天结束时完成了很多项目，但如果它们不是重要且通常令人更不舒服的事项，你做的可能都是无

第14章 结语：率先垂范

用功。大多数人发现，有一个人让他们负责任是一项很大的帮助。

这些建议非常简单，简单到人们很容易忽视它们的存在，并说"哦，是的。已经知道了"。然而，正如我的一位导师说过的那样："知而不行实为不知。"三个清单练习是为新事物创造空间的一种便捷之法。

你将发展得多快？

有时，当我与客户交谈时，他们想知道从既有资源开始是否能快速解决问题。当然，在某些条件下确实如此。但对其他人来说，可能需要一段时间才能找到合适的资源组合。而这种资源组合将创造真正的可持续的突破，对企业和个人来说都是如此。例如：

• 阿丽安娜·赫芬顿（Arianna Huffington）在55岁时创办了《赫芬顿邮报》。赫芬顿早期的职业生涯很多样化，其中包括政治评论员和作家的工作经历。这些经历帮助她开发了广泛的资源基础。但只有当她将这些资源组合成一种新的配置，并以一种独特的方式满足媒体消费者的新兴需求时，她的名字才家喻户晓。《赫芬顿邮报》后来被以3.15亿美元的价格卖给了美国在线（AOL）[①]。

• 王薇薇（Vera Wang）以设计标志性的礼服闻名于世，但她并非从时尚界起步。事实上，她原本是一名花样滑冰运动员，但未能达到顶尖水平。然后，她学习新闻学，学成后在 VOGUE[②] 找到了一份工作，并迅速晋升为高级时装编辑。她担任该职务 15 年，然后在时装品牌拉夫·劳伦工作了一段时间。当她结婚时，她对提供的婚纱感到失望，所以她决定自己设计。一年后，她在纽约开设了第一家婚纱精品店。除了作为服装设计师取得巨大的成功，她还为美国奥林匹克滑冰队设计了许多服装，并于 2009 年入选花样滑冰名人堂。

• 里德·霍夫曼（Reid Hoffman）在学习了认知科学和哲学之后，决定成为一名教授和公共知识分子。然而，他最终决定作为一名企业家以对世界产生更大的影响。他曾在一家酿酒厂工作，后来又在苹果公司工作，在那里他试图建立一种早期形式的社交网络。在富士通工作一段时间后，他于 1997 年组建了另一个名为 SocialNet 的早期社交网络平台。然后，他成

[①] 美国在线（AOL）的总部设在弗吉尼亚州维也纳，是美国最大的互联网服务提供商之一，可提供电子邮件、新闻、教育和娱乐服务。——译者注
[②] VOGUE 是美国康泰纳仕集团旗下一本综合性的时尚生活类杂志，创刊于 1892 年。——译者注

第 14 章 结语：率先垂范

为 PayPal 的首席运营官，绰号为"消防队长"。他在 PayPal 获得了令人难以置信的丰富经验：他负责所有外部关系，包括与支付服务商、商业合作伙伴、政府和专业顾问的关系。PayPal 被 eBay 收购后，霍夫曼运用他所学到的一切创办了领英。

这些例子中的每一个人都取得了一些成功。但他们只有在找到成功的资源组合后才发挥出全部潜力。而且重要的是，他们都通过重新配置这些资源来迎接新的挑战和机遇，从而获得了持续的增长。

从既有资源开始的最大优势在于，通过将你的下一步行动建立在成功和优势的基础上，你和你的企业可以在瞬息万变的时代以更少的风险继续发展，并且只有你自己才可以做到这一点。

后记和致谢

我在新冠疫情暴发前刚刚开始动笔写这本书,而完成本书时英国已经开始放松封控措施了。我在伯明翰城外的萨顿科尔菲尔德度过了封控期。也就是在这里,第一次工业革命的先驱们,如伊拉斯谟斯·达尔文(Erasmus Darwin)、詹姆斯·瓦特(James Watt)、马修·博尔顿(Matthew Boulton)及月球社[①]的其他著名成员,开启了人类历史上最伟大的爆炸性发展时期。

在封控期间,我花了很多时间与客户谈论此次危机后的发展。我意识到,随着领导者在变化的世界中寻求新的增长,隐性资本的理念比以往任何时候都更符合当下的趋势。

我的一位年长的老师曾经喜欢这么说:"以前资金是非常

[①] 英文为 Lunar Society,由十几位生活在英格兰中部的科学家、工程师、仪器制造商、枪炮制造商在 1765 年组成。1765—1813 年,其成员定期在英格兰伯明翰聚会。——译者注

后记和致谢

稀缺的资源,如今却呈过剩之势!"他的观点是,财富不是"在那里"等着我们去抢占,也没有固定的馅饼可供争夺。财富源于人类的独创性和企业家精神。独创性让我们认识到可以如何组织资源以产生价值,企业家精神则把这种价值用于满足他人不断变化的需求。

认识到已有事物的潜在价值,这正是人类自力更生、自我发展的方式。

我们的世界无疑正面临新的挑战,寻求新增长的商业领袖也因此有了新的选择。他们可以沉湎于新冠疫情之后艰难的世事,也可以认识到自己实际上拥有无限的资源。这些资源对于第一次工业革命的领导者来说是难以置信的,并且一些最有价值的资源也许就藏在显眼的地方。

本书阐述了一种策略——可以让你找到并利用被忽视的隐性资源,以创造新的增长,并在变化的世界中满足无数的新需求。

首先我要感谢卡尔·佩斯特尔和黛比·詹金斯(Debbie Jenkins),他们为本书倾注了大量的心血。在本书成稿的最关键时期,他们的付出显得尤其珍贵!

感谢马克·李维(Mark Levy),他深谙"从既有资源开始"

之道，不仅帮助我聚焦写作内容，也改变了我的写作方式。

感谢罗里·萨瑟兰为本书作序，他给予我灵感，他热情投入且幽默风趣。

感谢艾伦·韦斯对我的指导，他改变了我对一名独立管理顾问可能的看法。

许多商业领袖帮助我塑造了思维，并提供了实例。我尤其要感谢格林王的前首席执行官鲁尼·阿南德、GoCompare 的首席执行官马修·克罗马克、麦当劳道格拉斯·赖特餐厅的首席执行官道格·莱特、大伯明翰商会的首席执行官和阿斯顿维拉足球俱乐部的前首席执行官保罗·福克纳、瑞奇包装系统的前总裁大卫·普里切特（David Pritchett）、伯明翰竞技场剧院的首席执行官兼英国剧场协会主席菲奥娜·艾伦（Fiona Allan）、伯明翰城市大学的副校长哈尼法·沙阿（Hanifa Shah）、德意志银行的办公室主任佐伊·沃特摩尔（Zoe Whatmore）和麦凯首席执行官论坛的创始人兼首席执行官南希·麦凯。

感谢 Interchange Research 的创始人、牛津大学哲学家詹姆斯·威尔克，以及 Interchange Research 北美分部的总裁戴夫·弗兰泽塔（Dave Franzetta），他们对我思考组织和成功干预的方式产生了巨大的影响。

后记和致谢

感谢牛津大学赛德商学院的迈克尔·斯梅茨帮助我开展形成性讨论,感谢克莱德商学院创业中心的兰吉特·达斯为我阐明企业环境中精益创业的细微差别。

感谢杰克·马丁·利斯和黛安-玛丽·霍斯金(Dian-Marie Hosking)帮助我开展了许多关于大型团体干预和释放(而不是驱动)变革的讨论。

感谢励志发展集团的前总裁克雷格·普雷斯顿和阿斯顿商学院的蒂姆·贝恩斯提供的案例。

感谢艾伦·韦斯咨询团体的许多成员,特别是安·莱瑟姆(Ann Latham)、阿曼达·塞蒂利(Amanda Setili)、里克·佩(Rick Pay)、洛林·摩尔(Lorraine Moore)、瓦尔·赖特(Val Wright)、科琳·弗朗西斯(Colleen Francis)、琳达·波普基(Linda Popky)和马克·多诺万(Mark Donovan),感谢他们的支持、建议和鼓励。

我还要特别感谢阿拉斯泰尔·德赖堡(Alastair Dryburgh),他对索伦·克尔凯郭尔[①]的讨论和对加密货币的讨论一样自如,

---

[①] 索伦·克尔凯郭尔(Soren Kierkegaard),丹麦宗教哲学心理学家、诗人,现代存在主义哲学的创始人,后现代主义的先驱,也是现代人本心理学的先驱。——译者注

他严格挑战我的假设，见解独到。

优秀的代理人可以对作品产生深刻的影响，因此我非常感谢文学经纪人基兹·汤普森（Kizzy Thompson）的所有帮助，也感谢演讲者协会的帕特里克·尼尔森（Patrick Nelson）介绍我们相识。

衷心感谢出版商埃洛伊丝·库克（Eloise Cook），是她看到了我初始计划的潜力。在本书写作过程中，埃洛伊丝提供了宝贵的帮助，重塑了我的思想，给予我精辟的反馈。她和培生的团队合作得非常好。

我最想感谢芭芭拉对我坚定不移的支持——相信我，每当作者感谢他们的亲人坚持了数月，不惜牺牲闲暇，他们所言的确非虚。

Authorized translation from the English language edition, entitled Start with What Works: A Faster Way to Grow Your Business, 9781292341118 by Andy Bass, Copyright © Pearson Education Limited 2021 (print and electronic). This Licensed Edition of Start with What Works, 1e is published by arrangement with Pearson Education Limited.

All rights reserved. No part of this book may be reproduced or transmitted in any form or by any means, electronic or mechanical, including photocopying, recording or by any information storage retrieval system, without permission from Pearson Education.

CHINESE SIMPLIFIED language edition published by CHINA RENMIN UNIVERSITY PRESS CO., LTD., Copyright © 2023.

本书中文简体字版由培生教育出版集团授权中国人民大学出版社在中华人民共和国境内（不包括中国香港、澳门特别行政区和中国台湾地区）独家出版发行。未经出版者书面许可，不得以任何形式复制或抄袭本书的任何部分。

本书封面贴有Pearson Education（培生教育出版集团）激光防伪标签。无标签者不得销售。

图书在版编目（CIP）数据

低风险创新/（ ）安迪·巴斯著；徐静姿译. —北京：中国人民大学出版社，2023.5
　　ISBN 978-7-300-31504-1

Ⅰ.①低… Ⅱ.①安… ②徐… Ⅲ.①企业创新—研究 Ⅳ.①F273.1

中国国家版本馆 CIP 数据核字（2023）第 037254 号

低风险创新
安迪·巴斯（Andy Bass） 著
徐静姿 译
Difengxian Chuangxin

出版发行	中国人民大学出版社		
社　　址	北京中关村大街 31 号	邮政编码	100080
电　　话	010-62511242（总编室）	010-62511770（质管部）	
	010-82501766（邮购部）	010-62514148（门市部）	
	010-62515195（发行公司）	010-62515275（盗版举报）	
网　　址	http://www.crup.com.cn		
经　　销	新华书店		
印　　刷	北京联兴盛业印刷股份有限公司		
开　　本	890 mm×1240 mm　1/32	版　次	2023 年 5 月第 1 版
印　　张	12.125	印　次	2023 年 5 月第 1 次印刷
字　　数	185 000	定　价	89.00 元

版权所有　侵权必究　　印装差错　负责调换

极致服务
创造不可思议的客户体验
[美] 肯·布兰佳

赢得客户的全部秘密
简单深刻的管理寓言
当今商界最具洞察力的情景管理大师作品

  本书的故事主人公在一家零售连锁店做兼职，同时在大学攻读自己的商学学位，她在工作时发现这家店的服务总是很难让客户满意。她在学校学习了极致服务的课程，意识到关心客户的重要性，于是利用在课堂上所学的知识，逐步去改变弗格森连锁店的现状，最终使这家连锁店涅槃重生。
  本书用通俗生动的管理寓言为读者展示出了极致服务理念在企业管理运营中难以估量的作用，对于广大企业提升服务质量、赢得客户信任、提升企业价值具有很大的借鉴意义。

类比思维

[日] 细谷功

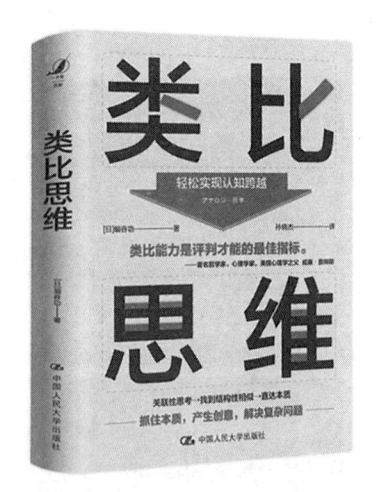

轻松实现认知跨越
关联性思考→找到结构性相似→直达本质
抓住本质，产生创意，解决复杂问题

世界著名类比思考专家，美国西北大学心理学家德瑞·根特纳曾说，"进行关联性思考，是我们人类能主宰地球的原因之一"。关联性思考是类比思维的起点。本书用丰富的案例，介绍了如何进行关联性思考、找到事物之间的结构性相似，从而洞察事物本质、产生新创意、解决复杂问题。对于希望提升思维能力、实现创新的个人和组织来说，本书提供了有力的工具。